上海海事大学学术著作出版基金资助

# 冠名权：界说与运作

NAMING RIGHTS：DEFINATION AND OPERATION

朱体正　著



上海浦江教育出版社

**图书在版编目(CIP)数据**

冠名权:界说与运作/朱体正著. 一上海: 上海浦江教育出版社有限公司,2015.4

ISBN 978-7-81121-334-8

Ⅰ.①冠… Ⅱ.①朱… Ⅲ.①物权—研究 Ⅳ.①D913.04

中国版本图书馆CIP数据核字(2014)第065286号

**上海浦江教育出版社出版**

社址:上海海港大道1550号上海海事大学校内　邮政编码:201306

电话:021-38284923(总编室)　38284910/12(发行)　传真:021-38284910

上海世纪嘉晋数字信息技术有限公司印装　　上海浦江教育出版社发行

幅面尺寸:169 mm×239 mm　印张:11　字数:194千字

2015年4月第1版　2015年4月第1次印刷

责任编辑:张　婕　　封面设计:赵宏义

定价:36.00元

# 前　言

本书是在笔者博士学位论文的基础上修订而成的，原文完成于 2008 年 10 月。纵观这部“小众化”作品，当初对冠名权问题的跟踪观察与思考使笔者决定坚持对这一问题的追问，而研究的狭窄一度令笔者举步维艰，不得不“螺蛳壳里做道场”，尽量多角度、多层面地实现研究内容的立体化。

具体而言，本书旨在从法律的视角为社会经济生活中普遍存在的冠名权现象提供理论阐释，并对实践中的冠名权运作提出相应的法律意见。首先，本书概括了冠名权在实践中的表现及类型，对冠名权的内涵与外延进行系统分析，在对物名权等基础性权利进行阐释的基础上指出冠名权的债权本性及其与相关权利的关系。其次，本书对冠名权的实践运作进行两个维度的分析，一是横向的冠名权交易及当事人之间的合同法律机制，二是冠名权运作中应当实施的法律规制。冠名合同具体包括物名冠名合同、赞助冠名合同、捐赠冠名合同，前两者应定位于广告传播合同，后者则应定位为附负担（义务）赠与合同。冠名权，尤其是公用物冠名往往涉及公共利益，须作必要规制，故应结合地名冠名、节目冠名等冠名权运作具体领域的特点提出相应规制意见。最后，本书还对与冠名权相似的冠姓权问题展开法理剖析，提出相关建议。

近年来，冠名权经济持续发展，相关理论研究不断跟进。笔者认为，本书所提出的相关论断，如冠名权的债权性界定、商业冠名与非商业冠名的区分、冠名合同的统一称谓和分类规范、物名权之于物名冠名权的本权利意义、公共领域冠名权的法律规制等，对于认识和解决当下的冠名权问题仍具相当的解释力。例如，2006 年武汉市推行地名有偿冠名政策之际，有人戏称武汉市说不定哪一天就变成“可口可乐市”。这听起来像个笑话，但在日本却几乎成为现实。2012 年日本大阪府泉佐野市面临财政破产危机，市长提议出售城市冠名权，考虑接受企业投标，把市名改为中标企业或其商品的名称，冠名合同为期 1 至 5 年，冠名费用于补贴财政支出。这一提议虽遭异议而作罢,但却显示了冠名权作为筹融资工具在当代政治经济生活中的惊人价值,更勿论在其他领域的优势价值。事实上,地名及其他公共资源的有偿冠名在国内外很多地市已经实施多年,近年来在国内却屡遭非议,尤其是互联网的发达,使得这类事关民众日常生活的公共决策几乎"逢冠必反",地名冠名的融资收益与普通民众的公共利益之间似乎存在难以逾越的鸿沟。笔者呼吁和探讨建立地名有偿冠名的规范和制度,以期实现社会效益与经济效益的最佳结合,否则很有可能将地名有偿冠名推向"死胡同"。2012年,"周黑鸭"等9家企业冠名武汉地铁2号线站点因舆论非议而遭搁浅,同年四川宜宾"五粮液"机场的冠名也饱受争议,这再度表明公共领域的冠名权运作机制亟需反思和改进。美国知名知识产权法专家安·巴托尔教授曾言:"在交易型冠名中,明码标价和信息公开可以让市场推进冠名权的商品化,这会让一些人感到缺乏吸引力,还可能导致税负,这会挫伤大额慈善捐赠的积极性,但这种方式可能比目前的运作状况更加民主,公众可以知悉冠名过程,也能对冠名权竞争的结果作出合理确定的预测。"当然,巴托尔教授批评美国的公共资源冠名权以及部分私人实体冠名权目前多为"白富男"(白人、富人和男性)所占据,冠名权在某种程度上沦为一种有偿广告或公权力滥用的怪胎。这与我国的地名冠名情形存在显著差异,我国的突出问题是商业品牌冠名地名存在一定程度的失范,而以人名冠名的现象不太突出,这应当与我国《地名管理条例》中"一般不以人名作地名""禁止用国家领导人的名字作地名"等明确规定有很大关系。

在冠名权运作成熟的体育、娱乐、节会、节目等众多领域,冠名作为一种极为正常的商业交易,遵循基本的交易规则,也很少引发质疑,这说明不同的冠名权适用环境决定了需要采取不同的运作机制和规范措施。中国儒家传统文化倡导的淡泊名利、宁静致远,固然是一种可贵的精神追求,但这与以义取利、合作共赢的社会生态并不矛盾。冠名权就是这样一种合约工具,它把冠名人彰显个体价值、提升品牌形象的本然诉求与被冠名人强烈的融资需求巧妙结合起来。同时,对于实践中的一些冠名权乱象必须予以规范和治理,以求兴利除弊,实现可持续发展。

笔者衷心希望,通过合理设计、规范引导,可以让冠名权真正成为冠名人市场营销的利器、播撒爱心的园地,真正成为被冠名者盘活符号资源、筹资兴业的得力杠杆,真正成为全社会优化资源配置、实现物尽其用、体现实至名归的优良载体。

著　者

2015年1月

# 目　录

# 导　言

## 一、研究意义与题目说明

“谁能吸引更多的注意力，谁就能成为市场的主宰”，美国著名战略管理学者托马斯・达文波特在其名著《注意力经济》一书中直言不讳地写道，“在新的经济下，注意力本身就是财产，金钱将与注意力一起流动”。的确，自古商道，品牌为胜，于今尤烈。在同业竞争日趋激烈、信息流量急剧膨胀的现代社会，谁赢得了社会和市场的注意力，谁就赢得了胜出同行的先机。在商业实践中，冠名赞助日益受到人们的关注，不啻为注意力经济的典型运作方式之一。

随着冠名权现象的日益普遍，旨在“反映目前现代汉语词汇面貌”的《现代汉语词典》在其最新版本中已经明确将之收录其中：“【冠名权】　名 在某种事物前面加上自己名号的权利：一家知名企业取得本次赛事的～。”[①]冠名权既然谓之“权”，而权利又隐喻为“客观的法律”[②]，故必得寻求法理、法律的正当解释和妥适规范。然而，不无遗憾的是，冠名权法律问题至今还停留在学理的初步探讨阶段，对于冠名权的基本概念和法律特质亦未形成共识，更未见诸于正式的法律文本和法学教材。[③] 这不仅难以解释复杂的社会经济生活，甚至不及普及性知识文本与时俱进的前瞻与包容。

如果说思想和理论常常扮演着黑格尔所谓“薄暮时才起飞的猫头鹰”的角

---

① 中国社会科学院语言研究所词典编辑室编：《现代汉语词典》，商务印书馆 2005 年版，第 506 页。

② 在拉丁语、法语、德语、西班牙语等一些大陆法系语种中，“法”与“权利”同词，“同一个词‘法’指代两个绝不相同但又可能互相渗透、紧密联系的概念：客观法和主观权利”。参见莱昂・狄骥著，王文利等译：《宪法学教程》，辽海出版社、春风文艺出版社 1999 年版，第 3 页。

③ 笔者曾尝试性地在参撰的《商法教程》一书中对冠名权问题略作介绍。参见韩长印主编：《商法教程》，高等教育出版社 2007 年版，第 60 页；《商法教程》（第 2 版），高等教育出版社 2011 年版，第 62 页。

色,那么实践中冠名权现象的发展早就“轻舟已过万重山”,在体育、文化、娱乐、公共设施以及慈善事业等多种领域运作日久且在某些方面渐趋成熟。在此过程中,客观地存在着一些法律纠纷和争议,突出地体现为冠名方与被冠名方各自的权益保障,以及道路、场馆等公共设施的冠名权与公共利益之间的冲突与协调。具体而言,一是冠名合同本身作为一种非典型合同应当如何定位,按照何种规则加以调整,另外还包括冠名方与被冠名方之间的利益协调问题,这是因为赞助人投入数额不菲的冠名费用支持被冠名事物的有效开展,其主要目的在于通过对知名事物的冠名迅速获取公众的注意力,进而赢得较高的社会声誉和潜在的客户群体,但客观情况是冠名机会多掌控于被赞助方与媒体之手,因此冠名商的权益如何保护确为现实问题之一,当然也应考虑被赞助方的权益保障问题。二是公用设施的冠名权与公共秩序和公众利益之间的冲突与协调问题,即在道路、桥梁、隧道、广场、医院、校舍等公共设施和资源上的冠名固然影响力较广,但由于涉及公共秩序和公共利益以及同业竞争者的利益,所以常常引发热烈的争议,如南京市地铁站点冠名和武汉市道路冠名方案都曾引发公众和媒体的讨论和质疑。而且一旦冠名方出现丑闻、重大事故或其他负面消息,将不可避免地影响被冠名事物,如美国安然公司出现重大财务丑闻之后,其所冠名的安然体育场随即成为社会关注的焦点之一,因此对于此类公共问题需要施以必要的预防和规制措施。

对冠名权实践中上述各种现实问题的多角审视必然引发对问题核心语词——冠名权——的深度考量和体系把握,包括法学之维的理解图景及其相应的解决途径。具体言之,冠名权究竟是何种权利,既有的理论体系能否兼容以及如何兼容此种权利类型。尽管在现实生活中冠名权确为一类热门而广泛的社会经济现象,但作为理论研究对象之一,其在林林总总的讨论话题中尚为一“边缘”课题,未能引起人们的足够关注,即使有一定研究成果也多是就体育冠名权、道路冠名权等所做的具体个案分析,缺乏对冠名权的集中论证和系统说明。如果冠名权这一基本概念得不到恰当而有说服力的阐释,则必然使冠名权运作规则的梳理和整合成为无源之水、无本之木。按照维特根斯坦的图像论,法律概念就是法律对象的一个图像,法律科学就是整个法律世界的图像,法律概念的基本功能是建构自己的思维对象。① 因此,如果将冠名权从一个日常用语析出,转化为

① 李旭东:《图像论下的法律概念》,载《学习与探索》2005年第6期。

一个法律概念，从而融入法律的“网上纽结”，则必将发挥其建构思维对象、促就相关规则的应有功能，从而形成基于这类特定法律现象的理论作业，因应现实生活的制度需求。因此无论是从解决现实纠纷还是从破解理论疑难的角度，冠名权法律问题的研究均有其突出的理论价值和实际意义。

基于上述认识，本书将研究内容确定为两大主题：一是冠名权概念与法律性质的界定，二是冠名权作为一种双方参与的交易或合作事宜所具有的法律运作机制，是谓“冠名权：界说与运作”。但这里可能存在如下疑问需要予以说明：首先，言及民事权利，常论其定义、其性质、其内容、其变动、其行使等，然则何来“运作”之说；其次，关于运作，常用“政府运作”“权力运作”，却鲜有“权利运作”者。对于上述疑问，笔者有必要作以下解释。

第一，“运作”者，一般解释为：“（组织、机构等）进行工作；开展活动：改变现行的～方式|公司资金不足，技术革新小组难以～。”①可见，运作可以指组织、机构的工作，也可以指某种项目、活动的开展②，甚或是制度的运行③。所谓冠名权的运作，主要是针对冠名权的实际表现形式而言的，即在现实生活中，冠名权是被视为一种交易资产或者合作项目进行安排、操作的，如企业取得赛事冠名权、地名冠名的拍卖、冠名权签字仪式等，尽管在交易或安排中通过合同方式约定双方的权利义务，但冠名权的实现与兑现（即被冠名方履行冠名义务）无疑是核心和焦点，因此以冠名权来指代和凸显整个事项亦无不可。在这种意义上，“冠名权运作”类似于“股权经营”④和“债权重组”⑤的用法。

第二，政府机关的运作属于“组织、机构的工作”自无疑义，“权力运作”确实也所见颇多⑥，但是考究起来，权利与权力在本质上具有一致性，“权利与权力是互相渗透的，权利中有权力，广义的权利即包括权力在内，权力也是一种权

---

① 中国社会科学院语言研究所词典编辑室编：《现代汉语词典》，商务印书馆 2005 年版，第 1689 页。

② 仪垂林：《美国实证债券保险的运作及其启示》，载《保险研究》2007 年第 3 期。

③ 刘仁文：《关注刑法运作》，载《人民检察》2007 年第 17 期。

④ 傅明：《国有股权经营应有律师介入》，载《上海国资》2004 年第 11 期。

⑤ 蔡熙华：《银行债权重组操作中的问题及规范策略》，载《金融科学》1999 年第 3 期。

⑥ 如顾卫临：《国务院制定工作要点 让行政权力运作于阳光之下》，载人民网：http://politics.people.com.cn/GB/1026/4264903.html（最后访问时间：2013 年 11 月 8 日）；王利荣：《论行刑权运作的两种趋势》，载《政治与法律》2001 年第 3 期。

利”[1],“同权利一样,权力同样是利益的法律表现”[2]。准此以解,既然权力可以运作,权利为何不可运作?两者的主要区别不过在于:权力运作是以权力机关及其作用对象为主体,以权力的获取、分配与制衡为内容,以公法规范为秩序的操作;而权利运作(这里仅指民事权利)则是民事主体按照民法规范进行的自治安排,包括权利的得丧变更、权利的行使与限制等。然而,这种区别显然不足以说明何以前者可以“运作”而后者不能“运作”。其实,在笔者看来,所谓权力运作不过是一种习惯性称谓而已,除此之外实在没有什么特别的理由可以说明权利不能运作,因而称“冠名权之运作”亦无不可。就本书而言,主要从两个视角剖析冠名权运作的内容:冠名权通过怎样的法律管道实现冠名双方的私益安排——“第四章:冠名权运作的合同机制”;冠名权需要遵循怎样的基本规则协调其与公共利益之间的冲突——“第五章:冠名权运作的法律规制”。显然,本书关于冠名权运作的论述涉及横向与纵向两个不同的向度,而“运作”一词可将二者统合为一。

第三,本书名为《冠名权:界说与运作》,也有一种修辞上的考虑,即以冒号为分界,冒号之前凸显本书主题,冒号之后凸显论述内容,“运作”与“界说”作为一并列短语,既简明扼要,又不失押韵,以收修辞之效,同时也于上述探讨中得见相关语词的多维意义与适用可能。

## 二、研究现状综述

关于冠名权法律问题的研究现状,坦率地讲,这一论题与其他论题相比,无论是关注程度还是研究深度上都不是十分热烈和充分。兹将相关研究文献择要述评如下。

### (一) 国内研究

就可以搜集到的文献而言,目前国内以冠名权为主要研究对象的研究文献以法学类为主。

(1) 周健、江寄鸥,《路名商品化中的法律问题研究——欧德力路冠名权转让法律问题研讨会综述》,载《法学》1996 第 12 期;周健、江寄鸥,《略论道路冠名商业化中的法律问题》,载《法商研究》1997 年第 3 期。上述两篇文章是对冠名权问题予以较早关注和研究的法学文献,其中第一篇是围绕上海欧德力路冠名

① 郭道晖:《试论权利与权力的对立统一》,载《法学研究》1990 年第 1 期。

② 童之伟:《法权的法哲学阐释》,载氏著:《法权与宪政》,山东人民出版社 2001 年版,第 21 页。

权转让风波而展开的研讨综述，文章对于与会人员关于道路冠名权的性质和特点、可否商品化、可否转让等问题的发言和讨论进行了简要介绍，主流意见认为道路命名权是一种行政权力，可以适当地商品化即允许企业冠名，但不允许企业之间私自转让；第二篇文章在此基础上重申了上篇文章的主要观点。文献的优点是针对事案集中及时予以研究，并提出一定见解，但缺乏更为深入的理论探讨。

(2) 何晓华，《对道路冠名权的法律思考》，载《学术界》1998 年第 3 期。该文实际上沿袭了前述文献中的某些观点，认为道路冠名权是指国家有关行政机关依据法律和法规的规定，对新建或无名道路进行命名，及对某些道路进行更名的权力，为国家专门机关行使，属公权力范畴；将道路冠名权以有偿形式赋予企业或其他经济组织行使，属于行政许可行为，应当遵循行政许可的法律条件和程序。

(3) 程合红，《商事人格权论——人格权的经济利益内涵及其实现与保护》，中国人民大学出版社 2002 年 10 月第 1 版，第 186—189 页“赞助用名(sponsorship)”，为该书第 5 章“商事人格权的转让”之一部分。该书是国内将一般冠名权正式纳入研讨范围的第一本学术著作，其中所提出的“赞助用名”与冠名同义，作者清醒地意识到并明确地指出赞助用名与一般的人格权商业利用和授权许可方式有所不同，赞助用名关系中的权利人向对方支付赞助费，对方使用其姓名、肖像、商号等变相地为其提供广告宣传；简要地概括了赞助用名的法律效力：①可在他人物品、事件或团体上使用自己的姓名、商号；②在使用期内赞助人有权对抗、阻止第三人对该用名的妨害，要求赔偿损失等；③赞助用名权对于被冠名事物本身的损害并无请求权。诚然，该书对于冠名权(赞助用名权)的初步探析无疑具有一定的启发意义，但其研究尚局限于“商事人格权”转让范围之内，并没有彻底地将其与逆向的人格权授权使用区分开来，且囿于篇幅和主题，其对冠名权的法律界定和构成并未展开更为细致的理论解说。

(4) 马昌驹，《试论冠名权合同法律关系——评东部公司与申花俱乐部冠名权合同纠纷》，载《法律适用》2003 年第 11 期。该文以冠名权实践中出现的一起纠纷为例针对球队冠名权进行了评析，认为作为足球俱乐部这一具体冠名权的上位概念，冠名权是法人、经济组织或自然人继受取得原始主体具有的社会广泛认知性的所属物、商业或公益活动设定名称的权利，并认为冠名权属于无形财产、相对权，是一种“商品化权利”，但对此性质未展开论证，同时认为冠名权合同是一种新型的无名合同,类似于广告合同。

(5) 常娟,《体育冠名权的商业利用与法律保护研究》,湖南师范大学 2004 年硕士学位论文。该文系目前可见对体育冠名权法律问题进行系统研究的第一篇中文类硕士学位论文,该论文及其同主题作品《论体育冠名权及其法律界定》(常娟、李艳翎,载《北京体育大学学报》2005 年第 10 期)的主要观点包括:①体育冠名权是指体育单位、法人及特殊的自然人组合对其拥有的具有社会认知性所属物的名称依法转让,以使受让人享有名称传播的权利。②体育冠名权是一项无形财产权,属于知识产权,是商品化权的一种;体育冠名权与名称权有密切关系,名称部分转让权即包括体育冠名权;体育冠名权同时具有人格权和财产权的双重属性。③体育冠名权的商业根源是体育产业、大众传媒、广告业的发展。④体育冠名权合同为当事人双方就某一体育所属物的名称使用达成一致,并严格约定双方权利义务的合同,该合同与买卖合同、赠与合同、附义务的赠与合同有区别,在订立目的上类似于广告合同,是具有物权效力的名称许可使用合同。⑤体育冠名权民事责任存在着违约责任和侵权责任两种。该作品借鉴了已有的研究成果,理论联系实际,具有较高的理论和实践价值,但在具体论证上尚需商榷(本书第四章第二节将对该问题予以辨析)。

(6) 吴光前,《体育冠名权的法理透析》,湖南师范大学 2005 年硕士学位论文。该论文及其同主题作品《体育冠名权的法律性质与特征》(武光前,载《新东方》2005 年第 8 期)、《体育冠名权的法律构成及其经济价值与地位》(武光前,载《海南广播电视大学学报》2005 年第 3 期)对体育冠名权予以法律界定,对其概念、性质、特征、形式、内容、范围、价值、地位以及开发等一系列问题加以探讨,特别是通过对中、美体育冠名权发展呈现的不同特点进行对比,指出我国体育冠名权发展中产生的问题,剖析原因,提出相关对策,为我国体育冠名权开发沿着规范化、法制化轨道发展提供了一定的理论借鉴。

(7) 沈志先、符望,《冠名权转让中的法律问题》,载《复旦民商法学评论》总第三集,法律出版社 2005 年出版。该文认为冠名权是某一权利主体对其所有或管理、经营的建筑物、其他特定物品、特定事件、特定团体等予以命名的专有权,类似于传统民法中名称权的名称设定权。冠名权转让合同的性质因被冠名客体的不同而有区别,在冠名权转让中应注意明确约定合同条款,防范法律风险。

(8) 朱体正,《论冠名权》,河南大学 2005 年硕士学位论文。该论文系目前可见中文类第一篇针对各类冠名权予以综合性分析和研究的学位论文，对冠名权的概念和性质、冠名权的构成及行使原则等问题进行了系统研究，并在此基础上提出在人格权法中对冠名权予以确认和保护。其同主题作品《冠名权的法理界定》（载《社会科学家》2006 年第 4 期）及《冠名权的形式与内容》（载《黑龙江省政法管理干部学院学报》2006 年第 4 期）等分别对冠名权的法理界定和冠名权的表现类型及权利内容进行进一步研究。

（9）邓春林，《论体育冠名合同的法律性质及法律保护》，载《北京体育大学学报》2005 年第 8 期。该文从法学角度阐述了体育冠名合同与买卖合同、赠与合同、公益事业捐赠合同、广告合同的区别，认为体育冠名合同属于唯一授权许可合同；论述了体育冠名法律保护的不足：冠名权尚未取得合法的法律地位，缺乏调整、规范体育冠名活动的法律、法规。文章还就完善体育冠名合同的法律保护进行了探索。

（10）郭彬，《我国体育冠名权保护的法律现状及立法建议》，载《研究生法学》2006 年第 2 期。该文对我国目前体育冠名权保护的法律现状进行了一定分析，认为应当于人格权法等法律中予以规定，并就体育冠名权的法律保护作了进一步探讨。

（11）陶国栋、蔡理，《CBA 俱乐部冠名研究》，载《体育文化导刊》2012 年第 6 期。该文运用文献资料法等对中国男子篮球职业联赛（CBA）俱乐部冠名问题进行分析，为促进 CBA 俱乐部品牌建设和联赛健康有序发展提供参考。指出 CBA 俱乐部的冠名类型有两种，CBA 俱乐部冠名权销售收入占经营收入较大比重，现阶段 CBA 球队仍处于队名变更的高峰期，俱乐部出售冠名权有诸多弊端。俱乐部出售冠名权的根本原因是联赛市场运营和俱乐部自我造血能力的制约，过分依赖冠名权的销售。建议俱乐部完善经营管理，提高经营效益；中国篮协出台规定，规范球队队名；广大新闻传媒应规范球队队名的使用等。

（12）张海茹，《英美大型体育场馆冠名权开发的研究》，北京体育大学 2010 年体育人文社会学专业硕士学位论文。论文指出，在英美等体育产业发展水平较高的国家，大型体育场馆冠名权的开发已经成为体育场馆所有者增加收入、融通资金的重要手段，而我国体育场馆冠名权开发仍处于低端水平，缺乏规范、成熟的体育场馆冠名权开发策略。我们亟需对英美等体育经济发达国家的体育场馆冠名权市场进行深入的研究，总结他们在开发体育场馆冠名权方面的先进经验和成功原因，使其能够为我国大型体育场馆冠名权市场的发展提供一定的启示和借鉴。论文以英国和美国的大型体育场馆冠名权开发为研究对象,对这两国大型体育场馆冠名权开发的典型案例进行了深入研究,得出以下几个结论:①基于详细的市场调查和大型体育场馆冠名权开发机会分析,英美大型体育场馆所有者和体育中介机构作出完整而系统的大型体育场馆冠名权开发的回报方案,这为英美大型体育场馆冠名权开发的顺利进行提供了保障。②英美大型体育场馆冠名权开发过程中注重风险管理和流程管理,这是英美大型体育场馆冠名权开发得以成功运作的关键因素。③英美大型体育场馆冠名权开发的发展中存在一些问题,如冠名权开发的磋商过程十分繁琐、存在着反对过度商业化的抵制冠名权开发的浪潮。论文基于上述域外经验和不足提出了相关对策,对我国体育场馆冠名权开发提出了建议。

(13) 崔小英,《农村公路冠名权出让问题研究》,中国政法大学 2011 年宪法学与行政法学专业硕士学位论文。论文指出,作为一种新的融资方式,农村公路冠名权的出让在加快农村公路发展中起着不可忽略的作用,但这引发了地方经济发展与政府权力行使及公众利益保护之间的矛盾,或者说存在公权力不合理行使及公众利益损害的隐患。该文从界定农村公路冠名权的概念着手,对农村公路冠名权和命名权作了区分,指出农村公路冠名权是自然人、法人或其他组织以自己的名称、产品名称或品牌名称为农村公路冠名的私权利,而通过让相对人支付一定对价的方式赋予自然人、法人或其他组织为农村公路冠名的权利则是有权行政机关的一种行政行为,为使农村公路冠名权的出让能真正起到维护公共利益、增进公共福祉的作用并不致破坏公共秩序和损害公众利益,必须对这种行政行为进行规制。文章共分五个部分:第一部分是引言,引出论题的缘起、农村公路冠名权出让的必要性及将产生的行政法问题;第二部分通过冠名权与命名权的比较,合理界定了农村公路冠名权的概念,为厘定农村公路冠名权出让行为的性质打下了基础;第三部分是对农村公路冠名权出让行为的性质分析,认为农村公路冠名权的出让是行政机关与相对人之间的一种行政合同行为,这种行为更多地应受公法的调整;第四部分是我国农村公路冠名权出让的现状、利弊分析及农村公路冠名权出让中现实的和潜在的问题;第五部分是对农村公路冠名权出让的行政法规制,在前文分析的基础上,提出了农村公路冠名权出让的立法和规制建议。

**(二) 国外研究**

鉴于语种限制,国外冠名权法律问题研究的考察仅限于英文领域。从目前资料搜集情况来看，主要有如下作品。

（1）John K. Eason, *Private Motive and Perpetual Conditions in Charitable Naming Gifts*: *When Good Names Go Bad*. UC Davis Law Review, Vol. 38, No. 2, February 2005. 该文探讨了慈善冠名捐赠中出现的若干问题。捐赠人将其金钱或财物移交给慈善组织，其姓名以某种方式被冠名于该组织的办公机构、活动或设施。实施这样一种安排会因时过境迁而问题丛生，包括这里着重讨论的"慈善"之意因捐赠人永久冠名的企求而受影响的问题。该文对于偏离严格意义上的慈善冠名安排之际各种法理分析的适用进行了梳理。文章认为，冠名合约的持续性、捐赠与慈善交易的不明确性、衡平法理的可延展性以及被冠名设施的差异性，使得学说杂陈、争讼聚纭。文中对此举例进行了解析和说明，如围绕 Lincoln Center's Avery Fisher Hall 的慈善冠名问题展开的悬而未决的广泛争议。该文还指出现今以慈善之名实则有悖伦理的滥用倾向，一些不良分子(bad actors)虽臭名昭著却肆意冠名于各种慈善设施或者机构。文章最后对于当出现偏离原有的慈善冠名本义的问题时如何加以处理以及未来的慈善冠名安排问题提出了建议。

（2）Ann Bartow. *Trademarks of Privilege*: *Naming Rights and the Physical Public Domain*, 40 U. C. Davis L. Rev. 919. March 2007. 文章对公共设施领域存在的以公司名称、商品品牌或个人姓名进行冠名的现象提出了批评。文章认为，现行冠名权政策及其实践与商标法以及公开权法理之间存在显而易见的公共政策冲突。文章进一步认为，这些领域的冠名行为往往使公共资产被不民主、不公平、不合法、不适当地私用，构成一种有限的压迫性宣讲形式。文章认为应当采取替代机制来使公共设施的冠名可被公众接受。

（3）Joseph Blocher, *School Naming Rights and the First Amendment's Perfect Storm*. Georgetown Law Journal, Vol. 96, 2007. 该文指出，在过去五年里，美国的公立学校打开了一条新的筹资通道：出售学校设施的冠名权。这些交易的流行和资金价值只是表明了他们对于与宪法第一修正案有关的冠名权问题的关切。文章将学校冠名权比喻为一个三棱镜，透过它可以窥见政府立场、商业立场以及舆论立场之间的冲突，对于第一修正案的此种三维分析在出售冠名权议题上同时存在，互相竞合。随着学校冠名权现象的增加，政府关于赞助的安排已经消解了第一修正案这三种立场之间的诸多人为分歧，并表明需要更好地协调三者之间的立场。该文试图通过案例解决那些定义模糊的观点之间的争议,进而强调第一修正案的重要性。

(4) Christian Maximilian Voigt, "*What's Really in the Package of a Naming Rights Deal?*" *Service Mark Rights and the Naming Rights of Professional Sports Stadiums*. 11 J. Intel. Prop. L. 327. Spring, 2004. 该文探讨了两个问题:第一,在体育场馆提供的服务方面,冠名权的实施是否是创设服务商标权的充分理由;第二,谁是这些服务商标的权利人。

(5) Robert H. Thornburg, *Stadium Naming Rights: An Assessment of the Contract and Trademark Issues Inherent to Both Professional and Collegiate Stadiums*, 2 VA. SPORTS & ENT. L. J. 328, 2003. 该文主要讨论了场馆冠名权协议中的若干条款,提出通过商标法保护冠名商权益的问题。其中探寻了场馆冠名权的历史,包括被网络公司买下的众多的冠名权交易、一个公司冠名多个场馆的情况,以及饱受争议的冠名权协议所应当汲取的教训等;接着概括了联邦商标保护的若干条件,商业装潢保护的新近扩展,以及商标法之于体育实体的应用;然后应用商标法的基本原理,对于场馆的非功能性独特设计以及被球迷惯称的场馆绰号如何作为有价值财产权予以保护进行了分析;文章还探讨了场馆所有人与职业运动队之间达成的关于场馆出租协议中的条款问题;最后,文章对于上述问题如何在以后的场馆冠名权交易中一揽子解决提出了总括性建议。

(6) Anita M. Moorman, *Naming Rights Agreements: Dream Deal or Nightmare? Sport Market*, Volume 11. No. 2, June 2002. 该文简略地分析了冠名权协议中的若干法律风险及防御对策。

(7) Debra E. Blum, *Donors Increasingly Use Legal Contracts to Stipulate Demands on Charities*, CHRON. PHILANTHROPY, Mar. 21, 2002. 该文对于慈善捐赠中捐赠人提出利用合约来保护其法律权益的问题进行了阐述。

(8) John L. Crompton & Dennis R. Howard, *The American Experience with Facility Naming Rights: Opportunities for English Professional Football Teams*. Managing leisure, Vol. 8, No. 4, 2003. 该文指出,英国足球队与公司赞助商出售队衫冠名权的谈判正如火如荼,但诸多俱乐部并未将这种理念进一步扩展到体育场馆冠名权领域。相反,在美国几大体育联盟中体育场馆冠名权极为普遍而队衫冠名权却寥寥无几。即使这样,大多数美国职业足球俱乐部依然入不敷出,而在英国尽管队衫冠名权广为普及但场馆冠名权作为主要融资工具却难以推广。该文描述了美国场馆冠名权的演变历程,考察了他们的融资结构以及赞助商的收益情况，指出冠名权合约中的关键性约定要素，并对英国球队冠名权发展提出了若干建议。

（9）Timothy D. DeSchriver（University of Massachusetts）& Paul E. Jensen（Drexel University），*What's in a Name? Price Variation in Sport Facility Naming Rights*. Eastern Economic Journal，Vol. 29，No. 3，Summer 2003. 该文试图探寻导致场馆冠名权价格差异的决定性因素。文中构建了一个冠名权市场的模型，其中场馆所有人旨在追求利益最大化，而赞助商则是有效地配置其广告开支。从这个简单的理论模型中，探寻出场馆所有人的要价底限与赞助商出价的最大数额之间的差距的均衡形式。文章也承认，从限制价格变量的经济学角度来看，忽略被冠名设施的个体差异，决定价格的系数评估将会导致非客观性和非连贯性。

（10）Eva Marikova Leeds，*What's in a Name? The Value of Naming Rights*. available at：www. umbc. edu/economics/seminar_books/leeds_book. pdf. 该文指出，舆论常常形容冠名权交易是一种明智的投资，他们声称这种交易所附属的知名度将给公司带来可观的利润回报。假如投资者相信购买冠名权会有经济意义，则公司股票应当像购买冠名权时宣传的那样给持股人带来收益，但该文通过对 19 个购买冠名权的公司的实证研究发现这些公司的股价并未上扬。文章从经济学的角度分析，认为冠名权对于购买者而言几乎不会带来收益。这一结论的适用性并不局限于 20 世纪 90 年代后期大量购买冠名权的. COM 公司，这些经济泡沫在 21 世纪初期纷纷破灭。该文所指出的冠名权的消极经济意义值得注意。

（11）Terry Burton，*Naming Rights：Legacy Gifts and Corporation Money*，John Wiley & Sons，2008. 该书是中外文文献中所见不多的冠名权研究专著，但其在内容上偏重于美国高校冠名权募捐运作状况的实践调查与实际操作的阐述，提供了众多冠名权募捐的营销技巧，准确地讲，该书并不是一部学术著作，用作者自己的话说，该书更像是一本“写给非营利组织筹资管理人的操作指南”。尽管如此，该书仍以较为翔实的调研数据和合理中肯的分析呈现了美国高校等非营利机构冠名权融资的实际状况和实证分析，对于冠名权理论研究和实务运作具有重要的启发意义和应用价值。

通过对国内外冠名权法律研究的主要文献的梳理可以发现以下几个方面的问题。

首先,国内外的研究成果主要集中于两大领域:一是对冠名权运作较为成熟和普遍的体育领域,尤其是对体育场馆的冠名权问题进行了较为深入的分析,并对其中的冠名权保护问题提出了若干建议;二是对公共资源尤其是慈善机构和公益设施(包括学校、馆所等)的冠名权问题,从公共秩序与私人利益之间的冲突和协调角度进行了一定的讨论。除此之外,对于经济生活中同样比较常见的其他方面的冠名权问题关注不多,这也导致大多数相关研究缺乏对冠名权全局性、整体性、多角度的审视和探究。

其次,即使在体育和公益设施冠名权的问题研究上,既有研究成果多侧重于冠名权之"术"(冠名权的具体运作、双方利益的合约等具体问题)的微观具体分析,而缺乏冠名权之"道"(冠名权概念自身的正当性与兼容性等理论体系问题)的宏观把握。

再次,笔者以往关于冠名权的研究尽管尝试性地突破了已有的对于冠名权散在性研究的现状,而倾向于冠名权问题的"内卷化"意识,对于冠名权概念的界定和运作提出了一定见解,但对于冠名权问题的把握仍欠周全,譬如关于冠名权的具体界定及其与其他权利类型的冲突和整合、冠名权合同的具体内容、冠名权法律关系的利益衡平等,还有待进一步的深入研究。通过本项研究可以进一步明确冠名权的法律定位,并为冠名权的实践运作提供更具建设性的法律意见。

## 三、研究的内容、方法及可行性

基于上述认识,本书将主要研究内容确定为以下三方面。

第一,进一步强化冠名权的问题意识,并扩大冠名权现象的考察范围,在整理、辨析冠名权若干界说的基础上对冠名权予以界定,同时剖析类似现象的本质,力图更为完整清晰地揭示冠名权概念的本体内涵。

第二,剖析冠名权权利形态的流变,从名号权体系的高度理解和把握冠名权的定位,反思传统权利体系只见实体权利忽视名号权利、只见个别名号权利不见名号权利群落的理论现状,革新和丰富既有的权利体系结构。

第三,探析冠名权运作的私法机制,包括冠名合同的确切称谓、冠名合同的具体类型及其法律准用,以及各类冠名合同中的特殊问题;探讨冠名权尤其是公用事物冠名权运作的法律规制,并通过对个别冠名权实际运作的分析,窥知冠名权与公共利益之间的竞合。

在研究方法上，本书以民法解释学的基本方法对冠名权的内涵与外延、理论与实践进行一番全面的系统解剖，呈现冠名权及其运作的法理阐释；同时，本书还采用比较研究的方法，吸收和借鉴域外冠名权运作的成熟经验，为冠名权在中国社会经济土壤中的健康成长与风险防范提供可资镜鉴的制度资源；当然，对于冠名权的个案研究也是必不可少的，通过冠名权运作的样本分析能够更为具体地阐释冠名权的概念与意义。在技术路线上，本书贯彻黑格尔创立的抽象思维法则，通过“完整表象——抽象规定——思维具体”的逻辑作业，首先从丰富多彩的冠名权现象中揭示冠名权的基本构成与法律特质，形成冠名权概念的抽象作业，然后以冠名权概念的基本界说为基点指导和检视冠名权的实际操作，指出其中的利益冲突和法律疑难，为冠名权运作提供富有针对性的法律意见。此外，读者也不难发现，在写作路线上，“冠名权的债权性界定”是在对“冠名权的人格权观”进行分析和批判的基础上展开的，属于欲扬先抑，而非开门见山。之所以有此安排，是因为笔者在对冠名权进行界定时确实有一个循序渐进的反思、重建的过程，并曾将阶段性的研究心得陆续公开发表，现在将各部分组合为一，以求完整地呈现这种思考过程，更为直观地展示冠名权界说所涉问题的核心疑点，呈现冠名权人格权观中的积极要素与内在冲突，以及在揭示和剖析这些内在冲突中所推导出的冠名权债权性本质的合理性。

此项冠名权研究的可行性主要体现在以下方面：第一，国内外冠名权运作的实践是本书研究的对象和素材，无论是体育冠名权还是公共设施冠名权，其中存在的私益之间的组合、私益与公益的纠葛，无疑都是值得细致观察、系统总结、深入研究、准确裁断的重要课题；第二，根据前文文献综述，在法学领域及其他学科上，已有一定的研究成果可作本书研究的理论铺垫和必要支点；第三，本研究已经积累了一定的研究成果，包括同主题硕士学位论文及其系列作品，此外亦有其他的研究成果作为多角支撑，这为本项研究奠定了必要的理论基础；第四，随着商业赞助和慈善捐助事业在中国社会的持续发展，冠名权作为一种重要的甚至是主要的权益回报机制必将引起人们的广泛关注，国内外相关案例的出现也会进一步增强本项研究在公益慈善事业领域的现实基础。此外，在研究中以冠名权的基本界说为理论支点，切实关注冠名权的实践运作，并于相关章节中积极对接亚洲体育法学会国际研讨会暨中国体育法学会年会、法官与学者对话研讨会、民政部政策理论研究课题等相关研究需求，努力实现研究内容的务实性与针对性。

## 四、研究的创新性

冠名权虽在现实生活中运作已久,但尚未引起法学界的广泛关注,亦未得到法律的有效规范。随着冠名权现象的日益普遍和冠名权纠纷的出现,理论上开始对其展开初步研究,但截至目前,理论界尤其是法学界对于该项课题的研究尚不够深入和系统。本项研究旨在总结现有研究成果的基础上,以民商法的基本理论为依托,直面现实生活,进一步提炼和醇化各类冠名权的法律共性和实质,将冠名权从一个事实概念析出建构为一个法律概念,从而使其得以见容于既有的权利体系,进而为立法规范和司法实践提供直接的理论参照,并以冠名权的基本法理解说指导冠名权的实践运作。在此过程中,一方面从冠名权性质的探讨中进一步填补权利体系中的理论缺位,另一方面从冠名权运作的实践中具化和展开冠名权概念的实证意义。从国内外研究现状来看,本书的论证和研究内容具有继续冲刺冠名权法律问题前沿研究领域的基础和潜力。具体而言,本书的创新性集中体现在以下三方面。

第一,突破了既有冠名权研究中仅仅针对体育冠名权、地名冠名权等的散在性、个别化的研究局限,对各类冠名权现象进行全方位、多角度、综合性的观察和解读,同时辨析剔除了虽有冠名权之名但无冠名权之实的冠名权现象,将冠名权提炼为一个可供统一理解和把握的法学概念,实现了从个别到一般、从具体到抽象的规律性探索。

第二,通过对冠名权人格权观的反思与批判,完成了对冠名权理论界说的更新,并借此挖掘出隐匿于权利体系中的名号权群落,以物名权为分析样本,探讨其与物权、冠名权之间的区别与联系,丰富了对物权理论体系的认识,揭示了名号权与实体权之间衍生和转换的理论脉络。

第三,在冠名权债权性界说的基础上,结合冠名权运作的法律实践,深入探讨冠名合同的称谓、类型与法律准用,区分商业性冠名合同与非商业性冠名合同的性质差异并解释其中的特殊问题,完成了对冠名权私法运作机制的基本整理,针对冠名权软广告性质的特点,指出其可能具有的负面效应,认为应当建立相应的防范机制,列出了冠名权尤其是公用事物冠名权运作的基本法律原则,并以广播电视冠名和地名有偿冠名为典型进行了具体分析,提出了相应的规制意见。

# 第一章
# 冠名权现象例析

## 第一节　冠名权概述

### 一、冠名权词义简释

在现代汉语中，“冠”（音“灌”）的释义如下：“①〈书〉把帽子戴在头上（古代男子二十岁举行冠礼，表示已成年）：未～（不到二十岁）。②动在前面加上某种名号或文字：县名前～上省名。③居第一位：～军。④指冠军：夺～|三连冠（连续三次获得冠军）。⑤姓。”[①]冠名权中的“冠”显然是取②意，即“在前面加上某种名号或文字”，而冠名权则是“在某种事物前面加上自己名号的权利”，如“一家知名企业取得本次赛事的冠名权”[②]。不过严格来讲，上述定义并不确切，因为赛事本身是一种活动，是参赛人员行为动作等的综合，它本身其实是无法被冠名的，被冠名的只能是描述这一活动的“活动名称”，因此，准确地说，冠名权应被解释为“在某种事物的名称前面加上自己名号的权利”。

在英文中，冠名权（naming rights）被解释为“因资金捐献或其他因素而获得

---

① 中国社会科学院语言研究所词典编辑室编：《现代汉语词典》，商务印书馆 2002 年版，第 467 页。

② 中国社会科学院语言研究所词典编辑室编：《现代汉语词典》，商务印书馆 2005 年版，第 506 页。需要说明的是，《现代汉语词典》2002 年版中仅有“冠名”词目，尚未收入“冠名权”词目，2005 年版中则将“冠名”词目替换为“冠名权”词目。

的命名一宗财产(有形资产或者是节事①)的权利"。学校、宗教场所或者医院等机构长期以来都有以冠名权方式回报捐赠人的传统。获得对体育场馆、剧院或其他公共场所的冠名权已被视为是商事公司进行广告宣传的表现形式之一,冠名权交易的金额至今已有成百上千万美元。②

以上是就冠名权的一般含义所作的简要说明,至于冠名权具体的法律意义将于第二章和第三章中予以详细剖析。

## 二、冠名权现象概览

冠名权现象初现于20世纪初期的美国体育界,美国扬基体育馆(Yankee Stadium)就是其中的一个典范,它建于1923年,以一个著名的职业棒球队冠名,该冠名80多年来从未因有外来的求购者而被更替。③ 后来,随着体育场馆的增多和运营成本的增大,场馆开始寻求商事公司的赞助,以冠名权换取对方的资金支持。如今,冠名权已经从一开始羞羞答答的状态发展成为公司营销的新宠。在美国,冠名权从20世纪70年代开始得到了较快的发展,到90年代以后已经被广泛接受,其运作越发成熟而复杂。受其影响,冠名权也开始在世界范围内逐渐流行开来,目前已经在世界上20多个国家亮相,应用于大小球队场馆、会议中心、露天竞技场、剧院等各种不同的设施。④ 目前美国冠名费用最高昂的体育馆分别是由巴克莱银行冠名的位于纽约的巴克莱体育中心(Barclays Center)和由花旗银行冠名的位于纽约的花旗体育场(Citi Field),二者的冠名费用均为每年2 000万美元,合同期限为20年,分别到2029年和2028年到期,而达拉斯牛仔队(Dallas Cowboys)要卖出的场馆冠名权可能会刷新上述记录,每年的冠名费

---

① 原词为"event",泛指节庆、赛事、展会之类的公共活动,《*Event Marketing*》一书的中文版将该书名译为《会展与节事营销》,甚妥,本书也采此译法。参见[美]小伦纳德·霍伊尔著,陈怡宁等译:《会展与节事营销》,电子工业出版社2003年版。

② "naming rights", available at: http://en.wikipedia.org/wiki/Naming_rights(last visit May 20, 2013). 据笔者所查,《*Black's Law Dictionary*》和《元照英美法辞典》等工具书尚未收录该词,故暂取网络一般定义。

③ Robert H. Thornburg, *Stadium Naming Rights: An Assessment of the Contract and Trademark Issues Inherent to Both Professional and Collegiate Stadiums*, 2 VA. SPORTS & ENT. L. J. 328, 2003.

④ Dean Boham, *An overview of naming rights in the US*, Vol. 1, No. 2, *Journal of Sponsorship*, 2007.

将会超过 2 000 万美元。①

冠名权以其四两拨千斤的运作技巧为赞助方成功地提供了多层面的、极具吸引力的营销平台，从而能够使赞助公司从拥挤混乱的市场竞争中脱颖而出。实际上，不独在体育场馆方面流行冠名权，在商品经济日益繁荣的今天，冠名权现象早已波及众多领域，我们在日常生活中不难发现某条道路、某座高楼、某列火车、某场比赛分别被冠名为“××路”“××大厦”“××专列”“××杯赛”；电视节目、报刊专栏也有类似的商业运作，如“本节目/栏目由××（商号、商标或产品名称）冠名播出”等。当然更为普遍和引人注目者，当属现今体育界流行的冠名之风，譬如国内外的足球俱乐部及其所属足球队大多由实力雄厚的厂商冠名赞助。另外，各种各样的体育比赛和文娱活动更是彰显冠名权的绝佳机会，如中国石油化工股份有限公司斥资 8 亿元人民币购得 2004—2006 年世界一级方程式锦标赛（F1）中国上海站赛事的冠名（即“中国石化 F1 中国大奖赛”）以及赛道广告等多项权利。在娱乐与传媒领域，冠名权运作同样大放异彩，例如在“2005 蒙牛酸酸乳超级女声大奖赛”中，赞助商与活动主办方均可谓名利双收、人财两旺，成为近年来商娱合作的一个成功范例。

冠名权的独特作用在于，它将赞助人的名号与具有突出表现力的建筑物或者重要的集会活动联系起来从而凸显赞助商的品牌，这是其基本的运作机理。但是近年来冠名权合约中所涉及的问题开始突破原有的利害关系的相关安排，扩展到赞助商产品进入冠名场馆和赞助公司因破产累及冠名权交易等其他问题。② 由于其强大的市场魅力和运作结构的升级，冠名权还会继续盛行，尤其是在赞助商的支持日益成为体育场馆运行的必要资金来源的情况下，而由此引发的相关问题也值得格外注意。可以说，冠名权已经成为一种正在崛起的特种交易对象和商业合作事宜，并有发展成为一项特殊产业的趋向。在美国，已经出现了专门的冠名权交易中介机构，开通了专业的冠名权资讯网站和交易中介网站③。

---

① Suzanne Marta, *Dallas cowboys stadium naming rights may top record deal*, available at: http://www.dallasnews.com/sharedcontent/dws/spt/football/cowboys/stories/033008dnbusnamingrights.2b2 caec.html (sit 2008-4-5).

② Dean Boham, *An overview of naming rights in the US*, Vol. 1/ No. 2, *Journal of Sponsorship*, 2007.

③ 网址分别为 http://www.namingrightsonline.com/; http://www.namingright.com/ 。

除了商业和娱乐场合之外,在文教医卫等公益领域,也存在不少的冠名现象,如光华教育基金会和美国安泰国际集团分别冠名北京大学光华管理学院和上海交通大学安泰管理学院,又如香港著名实业家李嘉诚、邵逸夫等在海内外捐资兴建学校、图书馆、科技馆、教学楼、医院等公益设施,而这些捐建项目也多以他们的姓名冠名。这些公益事业领域出现的冠名现象因为具有鲜明的慈善意义,从而较之商业化冠名更易为人们认可和接受,也更有利于冠名的传播。

## 第二节 冠名权的类型及说明

### 一、冠名权的表现类型

权利乃以法律之力保护之特定利益。① 冠名权既然是一种权利,那么为了全面深入地理解其权利内涵,明晰其运作规则,必先对这种权利现象作一基本的类型化归纳,从而为阐明冠名权的权利特质提供较为全面的考察样本和经验素材。

**(一) 按冠体(被冠名事物)种类划分**

所谓冠体,是指可被冠名的对象化事物。观察生活可知,现代市场经济社会中可充作冠体的事物可谓丰富多彩,试归类举例如下。

1. 实物类冠名权

此类冠体多为地位显著、影响较广的物质实体,包括道路、场地、建筑物、构筑物、交通运输工具甚至花木等,都有可能成为冠体。这类冠名权的特点在于:冠体较大,位置突出,冠期较长,短至一两年,长则几十年甚至永久,冠名稳定持久,宣传效果较好。

(1) 地名类(路名为多)。例如:北京有“联想桥”“四通桥”;青岛海尔集团在青岛、遵义乃至海外多个城市冠名“海尔路”“海尔大道”;鞍山市千山区达道湾工业规划区内一条无名街路被一家企业冠名为“衡业街”,冠名期限 10 年②;武汉

---

① 梁慧星著:《民法总论》,法律出版社 2001 年版,第 69 页。

② 徐天宇:《鞍山市首次尝试道路有偿冠名》,载人民网:http://ccdv.people.com.cn/GB/66990/7038468.html(更新时间:2008 年 03 月 24 日,原载《鞍山日报》)。

市人民政府办公厅2006年10月9日颁布《关于进一步加强全市地名管理工作的通知》(武政办〔2006〕179号),其中第六项明确规定"实行地名有偿命名,拓宽地名管理经费渠道"。大体来看,对于道路冠名,由于牵涉公共利益和公共秩序,而目前国家层面尚无明确规定,因此实践中各地政府部门做法不一,有明确提倡的(如天津、重庆、济南、青岛、兰州、铜陵等地),有驻足观望的,也有先行后止的(如上海、合肥等地)。关于地名有偿冠名的法律规制,详见本书第五章第三节。

(2) 交通工具类。2003年3月5日,上海磁悬浮列车冠名权拍卖会在上海磁悬浮列车龙阳路站台举行,经过激烈的角逐,上海新湖房产开发有限公司以2 090万元人民币的价格拍得磁悬浮列车两年冠名权①;为加强银企合作,中国农业银行甘肃省分行通过与兰州铁路局有关方面的沟通与协商,决定将兰州—西安的K119/120次列车冠名为"中国农业银行号"②,凭借双方雄厚的实力、良好的品牌形象进行良性互动,实现双赢。此外,游船、游艇类冠名也屡屡出现。1996年四川成都府南河游艇冠名权拍卖;2000年京城水系游船冠名权全部卖出,拍卖所得资金用于北京水系的治理,包括截污、清淤、护岸、绿化等工程设施③;2011年4月22日,一汽锡柴冠名无锡古运河游船,"锡柴号"游船正式诞生,从而实现锡柴文化与运河文化的有机结合④。

(3) 建筑物、构筑物类。此类冠名尤以体育场馆冠名、写字楼冠名最具规模。在欧美发达国家,超过70%的大型体育场馆均有商业冠名,冠名费是场馆的重要收入来源之一。2009年ESPN的一项调查显示,美国四大职业联赛(棒球、橄榄球、冰球和篮球)球队的场馆最受赞助商青睐,这些场馆一年的冠名费通常至少有二三百万美元,超过500万美元的也不在少数。例如,著名办公文具品牌史泰博公司为获得NBA洛杉矶湖人队主场20年的冠名权,付给后者的赞助费高达1.16亿美元。⑤ 在我国,"奥运经济"近年来持续升温。五棵松体育馆

---

① 作者不详(以下类似情况不再说明,直接列明报道标题):《磁悬浮列车冠名新湖明珠》,载新华网:http://news.xinhuanet.com/fortune/2003-03/06/content_761338.htm (最后访问时间:2013年11月8日)(本章参考网址最后访问时间均为2013年11月8日,其后不再一一注明)。

② 才旺瑙乳:《中国农业银行号列车冠名》,载甘肃日报网:http://www.gansudaily.com.cn/20030403/3/2003403A00052003.htm(原载《兰州晨报》)。

③ 张洵涛:《游船冠名权拍卖带来了什么?》,载《中国旅游报》2000年4月12日02版。

④ 许武英:《无锡古运河游船冠名"锡柴号"》,载《经理日报》2011年5月4日B3版。

⑤ 高鹏:《五棵松体育馆获冠名启示:场馆冠名为何少人问津 》,载新华网:http://news.xinhuanet.com/sports/2011-01/25/c_121020916.htm。

2011年1月21日正式更名为万事达中心,从而成为第一个获冠名的北京奥运会场馆。2008年北京奥运会虽已曲终人散,但一场围绕京奥主场馆——国家体育场“鸟巢”的冠名权争夺战依然炽热。据悉,已有十多家中外著名企业正参与竞争,中国的联想集团、美国的可口可乐和来自德国的阿迪达斯是其中三大热门,标价已达约10亿美元。①当然,在其他领域的建筑物、构筑物冠名权也颇为常见。2003年2月28日,由美国国际集团(AIG)创始人设立的史带基金会等捐资建造的复旦大学管理学院新教学大楼冠名签字仪式暨奠基典礼在复旦大学举行,按照冠名权协议,复旦大学管理学院新教学大楼被冠名为复旦大学史带楼(Starr Building),最大的多功能报告厅被定名为友邦堂(AIG Hall)。② 而在公共设施领域,冠名权开发也频频出现。2004年7月1日起施行的《江门市水利水电工程冠名权拍卖试行办法》规定,市属所有水利水电工程设施包括水库、水闸、堤坝、电排站的冠名权均可拍卖,冠名权使用期限为50年,小型工程最低价为10万元,中型工程最低价为50万元,大型工程最低价为100万元。③ 2011年,河南省洛阳市开元湖音乐喷泉冠名权、商业表演独家代理权进行公开拍卖,泉舜集团(洛阳)置业有限公司以1 000万元竞拍成功,开创国内音乐喷泉市场化运作先河。④ 2013年5月,厦门市体育中心篮排球馆、羽毛球馆冠名权市场配置方案经市财政局备案审查,进入市公共资源配置中心进行公开配置,这是《厦门经济特区公共资源市场配置监管条例》以及配置目录公布以来该市首次推出冠名权项目。⑤ 可见,公共设施的冠名权开发日益受到各地政府管理部门的重视。

(4) 林木类。上海市绿委办于2003年10月21日在上海静安公园举行了

---

① 《三财团78亿争鸟巢冠名权》,载联合早报网:http://www.zaobao.com/special/newspapers/2008/08/hongkong080829ab.shtml(原载《星岛日报》)。但是最终迫于社会异议,国家体育中心放弃了场馆冠名,改为场馆内包厢和座位冠名。孟武斌:《鸟巢不冠名不戴“帽”,水立方“瘦身”迎大众》,载腾讯网:http://sports.qq.com/a/20090119/000132.htm。

② 《复旦大学管理学院新教学大楼史带楼冠名签字仪式暨奠基典礼》,载友邦保险中国网:https://www1.aia.com.cn/cho/Web/News/viewNews.do?newsId=20041130003。

③ 《竞拍冠名权筹治水资金,江门开粤先河》,载南方网:http://www.southcn.com/news/dishi/jiangmen/ttxw/200407050124.htm。

④ 张继忠:《洛阳:公开竞拍开元湖音乐喷泉冠名权及商演权》,载人民网:http://henan.people.com.cn/news/2011/11/10/578446.html。

⑤ 《厦门市公共资源市场配置首次推出冠名权项目》,载厦门财政局网站:http://www.xmcz.gov.cn/item/48733.aspx。

中国首次古树名木冠名权拍卖活动，来自海内外的 15 家著名企业参与了这一具有公益意义的竞拍，所有拍卖标的全部成交，金额达 138.6 万元，取得了圆满成功。① 2008 年 3 月，为迎接即将到来的植树节，开封市园林绿化部门推出一项鼓励市民积极参与的树木、绿地认建认养活动，市民或单位可在指定的公园广场栽植、养护绿地和树木，并享有其冠名权。② 2012 年 3 月 1 日起施行的《河北省城市园林绿化管理办法》鼓励单位和个人以投资、捐资、认养等形式，参与园林绿化的建设和养护，捐资、认养的单位和个人可以享受绿地、树木一定期限的冠名权。③

（5）新物种类。一家网络游戏公司向玻利维亚的马蒂蒂国家公园支付 65 万美元冠名一种在该地区新发现的猴子为"GoldenPalace. com Monkey"。④另据国外媒体报道，发现一种新的墨西哥蝴蝶物种的研究人员打算出售这种新物种的冠名权，用以筹集资金进行更多的研究。根据科学界的惯例，发现一种新物种的人拥有它的冠名权。⑤

2. 组织、机构类冠名权

2008 年 2 月 26 日上午，广州中一药业有限公司、广药俱乐部在广州白天鹅宾馆三楼会议中心联合召开新闻发布会，宣布广药集团成员企业广州中一药业有限公司取得 2008 赛季广药足球队的副冠名权，冠名费总额为 2 000 万元人民币，广药队将以"广药中一足球队"的名义征战中超赛场。⑥

1996 年，美国安泰国际集团出资与上海交通大学共建管理学院，学院于 2000 年更名为上海交通大学安泰管理学院，2006 年 3 月，学院更名为上海交通

---

① 《国内首次古树名木冠名权拍卖》，载河北林业网：http://www. hebly. gov. cn/showarticle. php?id=432。

② 周斌：《开封推出树木绿地认建认养活动，市民可享冠名权》，载人民网：http://www. hnsc. com. cn/news/2008/03/05/269188. html。

③ 马竞：《河北规定：单位和个人认养园林绿化可享绿地或树木冠名权》，载法制网：http://www. legaldaily. com. cn/News_Center/content/2012-02/28/content_3378547. htm? node=33908。

④ *Internet casino buys monkey naming rights*, available at http://www. msnbc. msn. com/id/7493711/(last visit May 20,2013).

⑤ 《研究人员出售新蝴蝶冠名权筹集资金》，载新浪网：http://tech. sina. com. cn/d/2007-10-30/11441821806. shtml。

⑥ 《广药两千万出卖冠名权，球队新赛季目标确定》，载大众网：http://sports. dzwww. com/china/csl/200802/t20080226_3220297. htm。

大学安泰经济与管理学院。[1] 1994年9月18日,北京大学与光华教育基金会签订合作办学协议书,北大工商管理学院改名为光华管理学院。[2] 经教育部批准,2006年9月25日,浙江大学与光华教育基金会签署建设浙江大学光华法学院的协议书。[3] 2008年8月30日,香港上海汇丰银行与北京大学签署协议,汇丰银行慈善基金向北京大学捐赠1.5亿人民币,支持北京大学深圳商学院建设世界一流商学院,北大深圳商学院更名为北京大学汇丰商学院。[4] 2007年7月,美国华裔企业家廖凯原通过其基金会与上海交通大学签订协议,向学校捐赠总额不少于3 000万美元的资金,用于建设一流法学院,2008年4月,教育部正式批复同意该笔捐赠,上海交大法学院被冠名为上海交通大学凯原法学院。[5]

冠名的触角甚至还延伸到班级层面。深圳市宝安区冠华育才学校是所民办学校,主要招收民工子女,学生大多家境贫寒,教师待遇也比较微薄,校董会通过冠名方案,首先在全校34个班级中优选了20个班级作为冠名候选班级,随后通过冠名竞选会,9个班级成为首批冠名班级。冠名者需付出的冠名费用是3 000元冠名一个班一学期,5 000元冠名一个班一学年,冠名费用主要用于奖励优秀师生,同时冠名人的优秀事迹也成为激励师生的生动教材。[6] 江苏盐城技师学院则以各合作企业冠名08级的各系部班级,如"携程网络班""三一重机班""长虹班""百度电子商务班"等。[7]

在西方发达国家,教育、学院冠名更为发达。以美国为例,据调查统计,在1997年只有两所大学为了筹资50万美元经费而不得不出售冠名权,而到了2007年,仅一年就有30多所大学启动了冠名权募捐计划。在冠名权计划中,冠体(naming opportunity )大到整个校区、一个学院(接受冠名的商学院累计已有80多个),小到一项奖学金、一场音乐会;冠名费少则上千美元,多则千万美元,

---

① 参见上海交通大学安泰经济与管理学院简介,载该学院网站:http://www.asom.sjtu.edu.cn/acem/index.jsp? page=2。

② 参见北京大学光华管理学院简介,载该学院网站:http://www.gsm.pku.edu.cn。

③ 参见浙江大学光华法学院介绍,载该学院网站:http://www.ghls.zju.edu.cn。

④ 《汇丰银行捐资1.5亿支持我院建设世界一流商学院》,载北京大学汇丰商学院网站:http://www.szgb.cn/info/article.asp? articleid=925(发布日期:2008-8-31)。

⑤ 姜泓冰:《上海交大凯原法学院冠名》,载人民网:http://edu.people.com.cn/GB/8081233.html。

⑥ 刘畅:《民办学校拍卖班级冠名权》,载环球网:http://society.huanqiu.com/roll/2008-03/80401.html。

⑦ 参见"盐城技师学院08年各系部冠名班一览表",载盐城技师学院网站:http://www.yczs91.com/news.asp? id=85。

2002年加州大学洛杉矶分校David Geffen医学院更以2亿美元的冠名收入高居榜首；冠名捐赠人既有个人、私人基金会，也有众多商事公司，而且后者参与程度越来越高，形成冠名权融资的新趋势。美国高校的社会募捐之所以卓有成效，与其普遍建立的冠名权筹资机制（naming rights fund-raising policy）不无关系。①

3. 赛事、节事类冠名权

体育赛事一向是冠名权的绝佳载体。2003年7月"皇家马德里2003中国之旅活动"冠名权拍卖会在北京举行。② 环青海湖国际公路自行车赛从2002年创办至今，已经走过了11个春秋，青海互助青稞酒股份有限公司与环湖赛组委会签订合作协议，"天佑德"拿下环湖赛10年的冠名权，组委会还与韩国现代汽车、福建匹克签订了赛段冠名合作协议，与福建森地客、昆仑山矿泉水签订了指定用品合作协议。

除此之外，其他赛事、节会也是冠名权的良好载体，冠名权成为重要的筹资融资工具，如"太太乐杯全国烹饪大赛"和"第五届挑战杯飞利浦中国大学生创业计划竞赛"③等。近年来，沪上公益活动冠名权拍卖也较为流行，如2004年豫园新春民俗艺术灯会冠名权以235万元价格敲定，上海国际花卉节冠名权卖了210万元，"保护长江万里行"活动冠名权的起拍价也在200万至300万元之间。④ 2005年7月12日，天津国美电器公司与啤酒节组委会举行冠名权签字仪式，中国·天津第六届啤酒节以"国美电器杯"名义亮相。⑤《中国产经新闻》记者从第30届中国洛阳牡丹文化节开幕式新闻发布会上获悉，由文化部、河南省人民政府联合主办的第30届中国洛阳牡丹文化节于2012年4月10日开幕，当

---

① Terry Burton, *Naming Rights: Legacy Gifts and Corporation Money*, John Wiley& Sons Inc., 2008.

② 《皇马2003中国之旅冠名权将于7月3日拍卖》，载雅虎网：http://sports.cn.yahoo.com/030701/193/1ofyj.html。

③ 《飞利浦冠名赞助第五届挑战杯大学生创业竞赛》，载新浪网：http://tech.sina.com.cn/it/2006-05-25/1846956832.shtml。

④ 王勇：《公益活动冠名权将拍卖》，载搜狐网：http://news.sohu.com/2004/06/10/27/news220462732.shtml（来源：《杭州日报》）。

⑤ 刘雁军，商言：《国美冠名第六届啤酒节，再向困难群体捐献空调》，载北方网：http://news.enorth.com.cn/system/2005/07/12/001066919.shtml。

晚开幕式的冠名权被洛阳杜康控股有限公司以总价 1 200 万元竞得。[①]

4. 节目、栏目类冠名权

中央电视台 2003 年《攀登珠峰直播特别节目——'站在第三极'(暂名)冠名广告招商书》中称:"《×××站在第三极》(暂名)电视宣传片,宣传片中出现'×××站在第三极(暂名)'字样,宣传片后带赞助标版,标版时长 10 秒,标版画面出现冠名企业名称和冠名企业 LOGO,赞助标版配口播广告语'本节目由×××(企业名称)独家特约播出+企业广告语一句'。"[②]由安利旗下雅姿美容化妆品独家冠名赞助,世界著名音乐剧大师安德鲁·劳埃德·韦伯的代表作《剧院魅影》于 2004 年 12 月 18 日在上海大剧院首演。[③] 2006 年,中国移动和晋江劲霸集团分别出资 5 000 多万元和 3 800 万元人民币,购得中央电视台 2006 年德国世界杯实况转播的冠名权和转播节目中"射手榜"的冠名权。[④]

需要注意的是,许多电视节目、栏目本身就是体育、娱乐赛事,所以在冠体上二者常常混合为一,冠名者赞助该赛事,同时获得对该赛事节目的冠名权。且近年来该类冠体市值不断走高,虽然大多数公司对冠名赞助费秘而不宣,但偶尔曝出的招标细节还是让业界惊呼"天价",如 2013 年加多宝以 2 亿元拿下《中国好声音》第二季的冠名权,相宜本草以 1.09 亿中标《舞出我人生》,坊间更传闻湖南卫视《中国最强音》冠名权被蒙牛乳业买走,耗资 5 亿元[⑤]。

5. 教席、职位类冠名权

近年来,国内外不少高校在校企合作中推出了"冠名教授"。据报道,招商银行上海分行、交大慧谷等 7 家企业于 2000 年 4 月 7 日捐赠 220 万元,向上海交大 36 名教师颁发了冠名讲座教授和冠名杰出青年教师奖,张文军等 9 位"长江学者"和诸鸿文等 7 名教授分别被聘为首批"大众""昂立""东浩""一卡通""牡丹""国飞""慧谷"讲座教授,每人津贴 10 万元。此外,复旦大学也已经出现多位

---

① 白润岱:《第 30 届洛阳牡丹节开幕式冠名权被酒祖杜康 1200 万竞获》,http://henan.sina.com.cn/smx/news/jsjnews/2012-03-15/309-5319.html。

② 参见《攀登珠峰直播特别节目——"站在第三极"(暂名)冠名广告招商书》,载央视网:http://www.cctv.com/advertisement/content/20030310/65/。

③ 《安利雅姿独家冠名赞助〈剧院魅影〉》,载安利中国网:http://www.amway.com.cn/news/board/index_1.aspx? cid=60&ipath=200409281523055372.HTM。

④ 《细数 2006 年世界杯体育营销的豪门盛宴》,载中国服装网:http://www.efu.com.cn/data/2006/2006-12-05/176132.shtml。

⑤ 《传蒙牛 5 亿买走〈中国最强音〉冠名权 被指烧股民的钱》,载中财网:http://www.cfi.net.cn/p20130521000628.html。

冠名教授。冠名教授与冠名商业活动很相似,企业出资提供教授的年薪,并对其拥有冠名权,而学校只发一般意义上的工资。这一做法在国外及我国香港地区的知名大学非常流行,并且被证明是一种学校、教授和企业三赢的良方。如1992年微软总裁比尔·盖茨(Bill Gates)向西雅图华盛顿大学捐赠巨资设立分子生物技术系,Lee Hood教授成为Bill Gates冠名教授和首任Bill Gates冠名系主任。[①] 企业出资冠名教授的原因在于看好教授所在的学校和教授本人的学术成就,冠名对于企业来说本身就是一种无形资产。同时,根据三方协议,企业还可以享受其他两方提供的相应回报,如享有冠名教授科研成果的优先开发使用权。

6. 对城市的冠名权

几年前,当武汉市欲开展地名有偿冠名时,引起不少人的非议,甚至有人担心哪一天武汉市会变成“可口可乐市”。虽然是戏言,但却不一定没有任何实现的可能。据《朝日新闻》报道,日本大阪府泉佐野市2012年11月1日开始接受购买该市冠名权的企业报名,合同时间为10年以上,条件是支付该市名称变更所需费用10亿日元,报名时间截止到当月30日。泉佐野市由于财政困难,为了增加市财政收入而开始征集企业广告。市政府举例称,企业可以给城市和城市街道冠名。据说虽然已经收到企业询问此事的邮件,但是关于购买市名冠名权一事并无进展。[②]

7. 对人的冠名权

冠名权之蓬勃发展也许已经超出了人们的想象。2000年,美国的一家名为“网络地下音乐档案馆”(IUMA)的网上音乐站点为了扩大网站知名度,向社会表示将向把自己新出生婴儿命名为“IUMA”的家庭支付5 000美元,或者提供免费音乐,最后一对堪萨斯州的夫妇从四对竞争者中胜出而赢得了5 000美元,他们将自己的孩子以网站名称命名。孩子的父亲说:“我妻子非常喜欢这个主意,孩子的祖母说这个孩子将带来好运,这次比赛便印证了她的说法。另外,当孩子长大成人后,他也会拥有一个非常不错的故事。”[③]这种对人的冠名权与前

① 《党委书记马德秀访问美国西雅图系统生物学研究所》,载上海交通大学网:http://www2.sjtu.edu.cn/dsjtu1/chinese/web1/jjxw1.asp? id=8011。

② 吴颖编译:《日本大阪府泉佐野市出售城市冠名权》,载人民网:http://japan.people.com.cn/35467/8001430.html。

③ 侯健译:《5000美元买得婴儿冠名权》,载天际网:http://www.yesky.com/80/106580.shtml。

述各类冠名权的最大区别在于其冠体为人而非其他事物,无论对这种做法臧否与否,我们不得不承认,美国高度发达的市场经济孕育而出的这种对人冠名权的确是将冠名权的运作发挥到了极致。①

即使没有这类基于交易而成立的对人的债权意义上的冠名权,在诸多国家和地区的婚姻家庭法中实际上也存在一类特殊的对人冠名权——冠姓权,包括夫妻之间的冠姓权和父母对未成年子女的冠姓权,由于其性质和特点与前述一般冠名权差异甚大,故另文专论。

不同的冠体往往决定了冠名的不同表现形式,但它们所蕴涵的权利性质和权利内容都是一致的,因此在学理上可以概括为一种统一的权利名称,即冠名权。但是,应当明了,不同的冠体由于其本身用途、属性和表现形式差异很大,因此在遵循共同的运作原则的基础上应当注意各自运作个性的差异。比如对于道路、建筑物等实体的冠名,与比赛、节目的冠名就有很大不同,相关法律法规应当灵活地针对各类冠名权作出合理规范。②

**(二) 按冠主(冠名者)名号划分**

一个完整的冠名,由专名和通名两部分构成,专名是指冠名者自己或其商标、产品的名称,通名是指被冠名事物(冠体)的通用名称。被冠名事物种类繁多,不一而足,多为建筑物、体育赛事、交通工具、电视节目等。

根据冠名专名的不同,可以是包含冠主名称的冠名权,也可以是包含有冠主所属产品的名称或商标的冠名权。大多数出现的冠名属于前者,如"中国石化F1中国大奖赛"中"中国石化"为冠主中国石化集团的字号,但属于后者的也有,如"四川商务通足球队","商务通"本是冠主恒基公司的电子产品的名称,"大河报号列车"中"大河报"乃是冠主河南报业集团旗下主导产品的名称。

**(三) 按冠主种类划分**

所谓冠主,就是冠名(权)人,既可以是自然人,也可以是法人及其他组织。自然人冠名的,如"苏州大学王健法学楼""上海交通大学包玉刚图书馆";法人或其他组织冠名的更为常见,主要是企业赞助冠名的各种事物,如"第五届春兰杯世界围棋锦标赛""红河大桥""海尔大道"。

---

① 将冠名权活动本身策划为一项营销事件可以说是各类冠名权运作所要追求的主要效果之一。在笔者看来,该网络公司举办这种冠名于新生儿的活动本身并不重要,重要的是可以通过这种新奇的"冠名秀"迅速提高网站的知名度。

② 本书第五章将对冠名权运作的基本原则进行阐述。

值得思考的是，如果自然人冠名，但该自然人的姓名同时也是某公司或组织的商号或名号(如上面所列举的复旦大学“史带楼”)，那么其冠名权究竟属于该自然人还是也属于该公司或组织呢?《加利福尼亚大学财产、学术或非学术项目、设施冠名办法》中“冠名指南”第 8 条第 4 款倾向于认为，“为了避免出现任何商业影响或者利益冲突，对于商业公司或其基金会拟冠名的大型项目或者场馆、建筑物、开放场地或者道路均应当经过严格评估。对于与某一公司有牵连的个人冠名应当视为是该个人的冠名”①。即便如此，甚至是在双方的冠名权协议中有明确约定的，外人一般很难作出区分，从而使这种冠名呈现出一种特殊的三角关系，如果一方出现丑闻，则与冠名牵涉的自然人或组织难免不受影响，这种情况下的冠名的确有“一荣俱荣、一损俱损”的连带效应，因此冠名权协议的签订双方不能不对此问题有所防范。此外，关于永久冠名的企图与慈善目标的偏离所造成的法律问题也需要值得注意，关于此点，详见本书第四章第四节第四小节“捐赠冠名合同的特殊问题”。

**(四) 按冠主数目划分**

可以为单一型(独家)冠名权，这类居多；也可以是复合型(联合)冠名权，如 2001 年底，上海广电集团、上海文化广播影视集团、上海市黄浦区国有资产总公司三家对原上海申花足球俱乐部有限公司进行重组，成立上海申花 SVA 文广足球俱乐部，这样该足球俱乐部的冠名权就成为多个冠主的冠名权。在复合型冠名中，按多个冠主名称作为前项的排列顺序，则有主副冠名之分，如按照合同约定，东部公司有偿获得从 2001 年 3 月 1 日至 2004 年 2 月 28 日申花足球队的副冠名权。当然，主副冠名也可根据约定轮流担当。这里牵涉到冠名权的准共有问题。

另外，一个冠名权出让后，能否增加其他冠主，取决于原冠主与物主的约定，如果约定冠名权由一个冠主垄断，则就是单一型冠名权。

**(五) 按冠名权期限划分**

冠名权的期限根据约定可以是永久、长期、中期、短期，也可以是一次性的。捐助性永久冠名，如 2008 年四川汶川地震后，德阳市面向社会筹集资金，给孩子们建希望学校，新建的学校分过渡性希望学校和永久性希望学校，过渡性希望学校捐款方可以直接命名，而永久性全冠名希望学校的捐款方出资不少于建设总

---

① 参见本书附录二。

开支的50%。[①] 商业性永久冠名,如苏州市地名委等单位联合发布招标公告,拟将市城区五座新建立交桥梁有偿永久冠名。[②] 长期性冠名,如云南红河实业公司冠名“红河大桥”的冠名权使用年限为30年。[③] 比赛、活动等的冠名权通常只局限于活动中,具有一次性冠名的特点,活动结束,冠名权一般也随之终止。

美国奥斯卡金像奖主办方美国电影艺术与科学学院宣布,奥斯卡颁奖典礼不会搬家,将在好莱坞与高地中心(原名“柯达剧院”)再举行20年,只不过现在这家剧院改名为“杜比剧院”。据国外媒体报道,杜比实验室与“杜比剧院”的所有者CIM公司签订了一份长达20年的冠名权合同,合同上注明奥斯卡颁奖典礼在2033年以前都将在该剧院举行,而原冠名权所有公司——柯达公司因破产问题向法院提出申请,希望能够中止与CIM公司之间的冠名权合同。[④]

**(六) 按冠名权产生的基础关系划分**

冠名权因其产生的基础关系的不同,可分为商业性冠名权和捐助性冠名权。后者多是在教育、科研、文艺、医疗等公益事业领域出现的冠名权合作现象,冠名人向其提供慈善捐助并因此获得冠名。前者则通常具有明显的广告宣传功效,冠主多为商事企业,通过与物主达成冠名权交易协议而获得冠名,如上海新湖房地产公司出资2 090万元竞拍获得上海磁悬浮列车2年的冠名权。冠名权基础关系的不同,决定了其中法律运作机制的差异,详见本书第四章“冠名权运作的合同机制”。

**(七) 按冠名权的总分关系划分**

在实务中,商业性冠名权通常是一个总括性的权利束,即表现为对冠体的总冠名权,并分解为若干分冠名权,有的是冠主拥有全部冠名权,有的则可能只拥有部分冠名权。据悉,南京地铁的冠名计划涵盖地铁车站出入口及地面上方站名标识、列车内到站站名播报和站名字幕显示、地下站轨道上方路线图上站名标

---

① 薛玲:《德阳公开筹资建希望学校,出资一半可永久冠名》,载扬子晚报网:http://www.yangtse.com/zt/sxwc/zxxx/200805/t20080527_450333.htm。

② 参见“新建立交桥梁的有偿永久冠名招标公告”,载梦多工作室网:http://www.mdshnx.com/bidding/ht/bidding-ht11.htm。

③ 袁田恬:《红河卷烟:619万冠名权到底能换取多少广告效应》,载tom网:http://finance.tom.com/1001/1007/20031028-27066.html(原载《财富时报》)。

④ 张婷婷:《奥斯卡颁奖地签订20年冠名权更名杜比剧院》,载《法制晚报》2012年5月2日。

识、车站内部分路线图上站名标识等170余处。[①] 体育运动队的冠名，主要是通过赛事报道和队员穿戴标志等体现冠名。

在冠名权筹资计划中，决策管理方常常将冠名权及其他广告机会分级拍卖，以求取得最大的经济效益。例如，2005中国湖南旅游节开幕在即，旅游节开幕式的总冠名权、特别协助单位（5～9家）、现场广告独家发布权等于9月3日进行公开拍卖，独家总冠名权向广大国内外知名企业招标参考报价为100万，特别协助赞助参考报价为50万元，现场广告独家发布权起价为10万元，炎陵县城公路至炎帝陵沿途广告独家发布权起拍价8万元，指定用品每种1万元。[②]

要想有效地发挥冠名的广告宣传效果，一方面需要策划多元化的冠名空间，但是另一方面也要注意避免过多冠名，以免产生广告冗余效应。例如在广播电视节目中就不应负载数量太多的冠名广告，否则极易引发听众/观众的换台“抗议”。[③]

**（八）按冠名权的交易形态划分**

应当注意，在意识到冠名权价值的情况下，写字楼冠名权交易及其形态多样化才有可能实现。这里所指的冠名权交易形态，是指冠名权与其他交易财产的关系，比如写字楼冠名权，有的是单纯买卖冠名权，有的是冠名权与写字楼租赁期一起买卖，有的是冠名权与写字楼的所有权同时买卖。

举例而言，据了解，某些龙头企业在珠江新城CBD或买或租大面积写字楼迁入总部并取得该栋写字楼的冠名权，让公司名成为该华南最大CBD的地标。近年来，已有国开行（国家开发银行）、花旗银行、无限极中心、普华永道中心等“旧楼”悄然换上新名。目前已知最昂贵的珠江新城CBD写字楼冠名权可能属于国开行，当然它买下的写字楼面积也是最大的。国开行在2009年5月与富力地产签订购买合同：国开行广东省分行以约5亿元的价格买下珠江新城的富力盈泰广场半栋写字楼及整个项目的冠名权。这是2009年广州写字楼市场单笔成交金额最高的一笔交易，国开行将其作为华南区域性总部。就在国开行买下富力地产半栋写字楼后不到3个月，2009年8月，港资背景的无限极（中国）有

---

① 薛蓓：《南京地铁站冠名权月底开拍，冠名限在5字以内》，载扬子晚报网：http://www.yangtse.com/pub/yzweb/dzbpd/jjsh/t20060418_66750.htm。

② 杨莹：《独家总冠名权即将拍卖》，载新浪网：http://bj.sina.com.cn/art/2005-08-29/162783063.shtml。

③ 关于广播电视节目冠名的法律规制详见本书第五章第二节之专论。

限公司又花费近 3 亿元买下珠江新城富力盈悦国际半栋物业作为地区总部,同时无限极还获得冠名权,将富力盈悦国际更名为无限极中心。而普华永道会计师事务所在 2010 年 7 月正式迁至珠江新城高德置地广场的其中一栋,不过它不是购买,而是租下 5 层约 9 000 $m^2$ 的面积,作为其办公及培训中心,其入驻的那栋楼宇则以其公司名称命名为普华永道中心。①

## 二、冠名权分类之说明

对于上述冠名权的多种表现形式和具体分类,笔者有必要作以下几点说明。

第一,分类总是从某一个角度对冠名权所做的分析,如果换一个角度,同一个冠名权就可能具有多重归类。如"中国石化 F1 中国大奖赛":从冠体角度看,属于对活动、赛事的冠名权;从冠主角度看,属于法人的冠名权;从基础关系看,属于商业性冠名权;从冠主数目看,属于单一型冠名权。

第二,上述分类只是根据冠名权分类中的一些主要标准,而非所有的标准,除了上述分类标准之外,还可以根据学理研究和法律实践的需要,对冠名权作出其他的分类。至少从学理上来看,类型化的思维方法"由于其开放性","存在着无限构造类型系列的可能性"。②

第三,除了上述所列之外,在现实生活中还存在一些近似冠名和冠名权的现象,如 1993 年中科院南京紫金山天文台将 2886 号小行星命名为"田家炳星",以纪念慈善家田家炳先生的善举③;2002 年国际天文学联合会小行星中心正式批准,以中国一名中学教师和两名中学生的名字来命名三颗小行星④;美国三藩市为表彰实业家邵逸夫先生对该市的福利贡献,将每年的 9 月 8 日命名为"邵逸夫日"⑤。此类"冠名"现象与上述所列的各类冠名权在运作机理和法律性质上并不相同,而应当被视为一种荣誉,在法律性质上属于借用他人姓名(权)的形式,应经被用名人本人或其继承人授权许可使用,否则可能引发姓名权侵权纠纷。举例来说,鲁迅外国语学校是一家投资 1.2 亿元的民办学校,2000 年开始正式

---

① 刘显红等:《各企 CBD 抢楼冠名》,载《广州日报》2010 年 12 月 3 日。

② 金可可:《物权债权区分说的构成要素》,载《法学研究》2005 年第 1 期。

③ 《田家炳,天上一颗星》,载海南日报网:http://www.hndaily.com.cn/200212/ca213138.htm。

④ 《三颗小行星首次以中国教师和中学生的名字命名》,载百灵网:http://health.beelink.com.cn/20020826/1191934.shtml。

⑤ 《慈善大家邵逸夫》,载人民网:http://unn.people.com.cn/GB/41495/41501/3034849.html。

招生。2001 年初，鲁迅家人曾两次委托律师，对学校使用鲁迅姓名进行交涉，认为任何未经鲁迅先生直系亲属许可、以盈利为目的擅自使用鲁迅姓名的行为均属侵权行为，要求停止以鲁迅姓名作为校名的行为。校方在接到律师函后，与鲁迅家人进行协商，鲁迅的儿子周海婴先生还于 6 月初参观了这所学校。经双方初步协商，学校以 50 万元的价格买下 3 年冠名权，校方聘请周海婴为名誉校长、周海婴之子周令飞为教育总监，参加学校的重大活动，负责监督学校的教育质量，使冠名学校不辱伟人的形象。而鲁迅家人表示，用授权冠名的形式是对无形资产的尊重，也是市场经济条件下品牌意识的觉醒。至于冠名费，他们将以鲁迅家人的身份捐赠给学校。[①] 可见，这里的“冠名”明显属于借用鲁迅姓名为自己经营机构命名的情形，与典型的冠名有所不同。

第四，尽管冠名权纷繁复杂，但若从法律视角予以分析，则可以按照上述所列第六种方法划分为两大类型：一种是商业性冠名权，包括商业赞助类冠名权和物类冠名权；一种是非商业性冠名权，即捐资冠名权。这两类冠名权在法律运作机理上应当分别适用于不同的合同类型，前一种适用于广告传播合同，后一种则应按照附负担赠与合同加以调整。详见本书第四章“冠名权运作的合同机制”。

第五，正如歌德所说，“理论总是灰色的，而生活之树常青”，社会经济迅速发展，我们的认识也需要及时跟进，因此关于冠名权的具体类型和表现方式的总结，应当随着社会经济的发展不断丰富和完善，从而更加完整地呈现冠名权运作实践的现状，为其理论抽象提供足够多的分析样本和经验资源。

## 第三节 冠名权的发展动因

从道路、楼宇、列车等实体设施到球队、乐队、俱乐部等人物组合，从足球、围棋等体育赛事到学院、教席等文教场域，从节目、栏目等传媒空间到会展、节庆等公共活动，冠名之风劲吹，合作双方俱欢。冠名权现象的蓬勃发展，根植于现实生活中参与方优势互补、各取所需的社会经济土壤，反映了市场经济条件下资源优化配置的必然规律，更借城市经营的有形之手茁壮发展。冠名权运作策源于

---

① 吴钊谦、蒋萍：《鲁迅外国语学校以 50 万元买下鲁迅的三年冠名权》，载《北京青年报》2001 年 6 月 25 日。

履行社会责任的企业发展战略,体现了创新求变的文化内涵,以及人格权扩张的法律理念,从而在诸多领域得到应用和发挥。

## 一、经营城市的理念

所谓经营城市,或称城市经营,是把市场经济中的经营意识、经营机制、经营主体、经营方式等多种要素引入城市建设,全面归集和盘活城市资产,促进城市资产的重新配置和优化组合,从而建立多元化的投融资渠道,不断扩充城市建设资金的来源。经营城市的核心是对构成城市空间和城市功能载体的自然生成资本(如土地资源)、人力作用资本(如道路、桥梁等基础设施)及其相关的延伸资本(如广场、街道的冠名权)等进行集聚、重组和运营,从中获取收益,再将这笔收益投入到城市建设的新项目中去。① 其中,冠名权作为城市自然生成资本和人力作用资本的延伸,将广告主扩张宣传阵地的广告诉求与政府盘活城市无形资产的资本需求紧密结合,实现了城市固有资本的增值,集中体现了经营城市的理念和思想。因此,城市建筑物、构筑物、生长物乃至节庆日的冠名权运作日益受到城市经营管理者的青睐。

不过,也应注意,城市经营和城市营销应当将城市的人力资源、自然资源、人文资源、制度资源等看作是一个系统的整体,通过科学分析,找出城市的定位,并且根据外部环境,决定城市的发展方向。② 因此,经营城市绝不是将上述资源分开经营,更不是将这些资源一一作价出售,尤其是对于地名冠名,涉及当地的地理文化传统和公共秩序,在出让冠名权时更应民主决策,慎之又慎。一些地方政府打着“经营城市”的幌子,炒作概念,盲目开发,一卖了之,罔顾公共利益和公共秩序,显然有悖经营城市的初衷,是不应被提倡的。③

## 二、企业的社会责任

在现代社会,越来越多的公司将履行社会责任作为实施企业战略、谋求和谐发展的一项重要工作。尽管理论上对企业(或公司)社会责任(Corporate Social Responsibility, CSR)的定义颇多争议,但根据大多数美国学者对这一概念的认

---

① 刘维新:《“经营城市”的理论基础》,载《城市规划》2002 年第 8 期。

② 乔新生:《热衷经营城市的背后》,载检察日报网:http://www.jcrb.com/zyw/n317/ca277420.htm。

③ 本书第五章将对该问题进行专论。

识，可以认为“所谓公司社会责任者，乃指营利性的公司，于其决策机关确认某一项为社会上多数人所希望者后，该营利性公司便应放弃营利之意图，俾符合多数人对该公司之期望”①。因而，公司除应依照法律行事之外，还应实践“公司之伦理责任”及所谓“自行裁量责任”（discretionary responsibilities）②，增进股东利益之外的其他社会利益，包括雇员利益、消费者利益、债权人利益、中小竞争者利益、社区利益、环境利益等。被誉为“营销学之父”的美国著名营销学者菲利普·科特勒对最近十年来全球各大商业公司进行考察分析后认为，有关企业社会责任的趋势包括捐献额在增长、针对社会责任活动的企业报告在增多、企业做好事的社会标准在确立，捐献在从一种被动地履行义务向一种主动的营销战略转变，通过公益事业宣传、公益事业关联营销、企业社会营销、企业慈善活动、社区志愿者活动、对社会负责的商业实践等具体方式来支持企业目标。③ 在这些自愿、主动的实践方式中，总是有意识地将企业的品牌形象与企业在公益事业中的贡献、责任联系在一起，其中最典型就是企业向各种公益活动提供冠名赞助。经验表明，这些运作已经反哺给企业一系列的实际利益，具体包括：销售额和市场份额增长，品牌定位得到巩固，企业形象和影响力得到提升，吸引、激励和保留员工的能力得到提高，运营成本降低，对投资者和财务分析师的吸引力增大。④

### 三、广告创新的载体

在信息充斥的现代社会，广告设计越来越趋向于简明概括、个性鲜明、形象典型的特点，遵循原创性、时尚性、个性化、形象性、经济性、技术性等原则，注意满足受众多方面的心理需求，以便使受众在短时间内接受和认可广告的主旨诉求。⑤ 冠名权广告无疑在多方面具备这些特质：首先，冠体本身知名度高，广告效果突出。用于冠名的载体一般为具有较高社会知名度的事物，且多与大众的

---

① David Engel, *An Approach to Corporate Social Responsibility*, 32 Stanford L. Rev. 1, 12, (1978); Joseph Grundfest, *Corporate Responsibility: A Panel Response*, 8 Cardozo L. Rev. 817(1987). 转引自刘连煜著：《公司治理与公司社会责任》，中国政法大学出版社 2001 年版，第 66 页。

② Archie Carroll, *A Three-Dimensional Conceptual Model of Corporate Social Performance*, *Academy of Management Review*, Oct., 1979, p. 497-505.

③ ［美］菲利普·科特勒、［美］南希·李著，姜文波等译：《企业的社会责任——通过公益事业拓展更多的商业机会》，机械工业出版社 2005 年版，第 3，6，23 页。

④ ［美］菲利普·科特勒、［美］南希·李著，姜文波等译：《企业的社会责任——通过公益事业拓展更多的商业机会》，机械工业出版社 2005 年版，第 9 页。

⑤ 张新词：《现代广告设计的基本原则与心理诉求》，载《郑州轻工业学院学报》2006 年第 3 期。

日常生活密切相关,如道桥、楼宇、球队、影视节目等,常常成为广告商和广告主依傍的对象。其次,冠名简短有力,容易记忆和传播。冠名广告以短小精悍的个人姓名或企业商号附于冠体名称之上,形成冠名,使人一目了然,印象深刻。再次,冠名广告形式独特,重现率高。如赛事冠名在新闻报道中被屡屡提及,道路冠名渗透到沿路企业、居民的通信地址等,"言必称冠名"的广告效果远非其他广告形式可比。通过冠名,"产品的符号资本为产品本身添加了地位价值"①。不仅如此,冠名者本人的身份或文化内涵也会延伸至冠体本身。比如在广播电视节目冠名中,"企业作为冠名赞助商的影响不仅仅限于栏目名称本身,因为企业在作为冠名商的同时,也在以自己的企业文化和企业形象对观众之于栏目风格形象的印象起到潜移默化的影响"②。地名冠名因为冠期较长、冠名较为稳定,更容易形成独特的地理文化。由此形成的这种广告叠加效应将更有利于持久地彰显冠主的社会形象。故有业内人士指出,冠名广告具有如下显著功能:新产品推出市场之催化作用、企业精神(产品特质)与活动特性之配合作用、定期活动连续冠名之强化作用。③

在以信息技术为核心的新经济浪潮冲击下,全球范围内正在发生一场深刻的经济与社会的结构性变革,由此带来创新空间的拓展和价值位移。文化上的"求变"与"应变"被视为新时期挖掘创新潜力、提升核心竞争优势的一个基本法则。④ 在此情势下,发展既有利于社会主义精神文明建设又适应市场经济发展的多元化、多样性的精神文化,不仅是构建"和谐文化"的应有之义,也是革新文化理念、提升核心竞争力的具体体现。⑤ 作为表征社会文化的一种重要符号,以前于某种事物的命名大多考虑其单一的地理或文化标志,而缺乏具有丰富内涵和富有个性的符号标识,冠名则将不同事物的名称进行了巧妙的链接,构思独特、设计合理、风格各异的冠名不仅是提升冠主知名度的营销手段,同时也是商业文化多样性的一种表征。譬如体育界盛行的冠名现象,不仅使得体育赛事的运作风格和参赛队伍的身份富有个性和特色,更使人们认识到体育运动与社会、

---

① [美]约翰·R·霍尔、玛丽·乔尼·兹著,周晓虹、徐彬译:《文化:社会学的视野》,商务印书馆2002年版,第240页。

② 《凤凰卫视冠名:让品牌凤舞九天的捷径》,载《信息产业报道》2006年第1期。

③ 胡锦汉:《冠名广告分析》,载《广告大观》1999年第5期。

④ 方本新:《新价值观与创新文化范式》,载《中国软科学》2006年第11期。

⑤ 李德顺:《论和谐社会的文化建构》,载《前线》2005年第11期。

与商业之间的互动和合作，成为商业文化与体育文化联姻的载体。

## 四、人格权的法律扩张

冠名权在本质上与自然人姓名权和法人等组织的名称权一样，是姓名权和名称权的扩张和衍化，在冠名权交易中，交易的标的实际上是冠名的机会——“冠壳”，它是一种无形财产权，冠主获得冠名机会之后，将自己的商号或商标作为前项，形成冠名，从而使得自己的人格和人格权扩张到其他主体所有的或管理的事物之上。传统的人格权制度有以下特点和不足：强调人格权的完整性和不可侵犯性，忽视其中的财产性人格利益；以自然人的人格权为中心而对法人人格权规定不足；从人格权静态方面保护的多，而从动态方面保护的少。① 冠名权的独特之处正在于其基于姓名权、名称权这类人格权所固有的使用权能，通过市场交易（商业性冠名权）或者慈善安排（捐助性冠名权）搭建张扬自然人人格和企业形象的法律平台，拓殖人格权权能的能动范围，使得人格权在动态中得到扩张和升华，从而以实践理性的强大冲击力瓦解了权利对象固守自身的人格权观念，生动地诠释了财富彰显人格的权利现实，它与人格权的商品化一起构成现代社会中人格权与财产权的对向流变，体现了人格权中的经济利益内涵，符合人格权发展和保护的基本趋势，代表了人格权发展中新的理念和动向，是人格权法律制度必须认真对待的重要课题之一。对于其中的具体问题，将于以下章节中加以详述。

## 小　结

冠名权是指在某种事物的名称前面加上自己名号的权利。冠名权在现实生活中应用广泛，形式多样，大致可以分为商业性冠名权和非商业性冠名权。冠名权尤其是商业性冠名权的蓬勃发展，根植于现实生活中参与方优势互补、各取所需的社会经济土壤，策源于展示社会责任的企业发展战略，反映了市场经济条件下资源优化配置的必然规律，更借城市经营的有形之手茁壮发展，业已成为一种在经济生活中广泛应用的商业合作方式，并在公益事业的发展和公用物的运营中发挥着十分重要的作用，从而吸引了社会各界的广泛关注，其中涉及的基础性问题和应用性难题均需透过复杂的表象挖掘其背后的本质规律。

---

① 程合红著：《商事人格权论》，中国人民大学出版社 2002 年版，第 4 页。

# 第二章
# 冠名权界说

## 第一节 冠名权界说述评

### 一、冠名权界说综述

客观而论，冠名权已经基于现实生活中相关法律问题的出现而跃入法学研究的视野，从而逐渐成为一个用以表征某种特定权利现象的概念，但目前理论上对这一概念的阐释并不一致，兹作述评。

就冠名权的一般概念而言，有学者从商事人格权的视角对冠名权作出界定，认为“所谓冠名权，是指某一自然人或法人对其所有或管理经营的建筑物、特定事件、特定团体等予以命名的专有权，其有权确定该建筑物、事件、团体的名称中所使用的具体文字”①。还有学者认为，作为足球俱乐部这一具体冠名权的上位概念，冠名权可被归纳为“法人、经济组织或自然人继受取得原始主体具有的社会广泛认知性的所属物、商业或公益活动设定名称的权利”，并认为冠名权属于无形财产、相对权，是一种“商品化权利”②，但对此性质并未展开论证。

---

① 程合红著：《商事人格权论——人格权的经济利益内涵及其实现与保护》，中国人民大学出版社 2002 年版，第 187 页。

② 马昌驹：《试论冠名权合同法律关系——评东部公司与申花俱乐部冠名权合同纠纷》，载《法律适用》2003 年第 11 期。

另外，有人针对道路冠名权进行了分析，认为“道路冠名是指国家有关行政管理部门，根据法律和法规，对新辟或无名道路进行命名，及对某些道路进行更名的行为。这种行为属国家行政行为，道路冠名的权利也仅属于国家，属公权范畴”①。这种观点得到了其他学者的赞同，并进而被后者认定为“将道路冠名权赋予企业或其他经济组织是国家行政机关的一种行政许可权”②。道路冠名权虽然只是冠名权的一种，但具有典型意义，因而可以作有限的推广，适用于所有公用设施的冠名权定性问题。

## 二、冠名权界说评析

国内学界关于冠名权界定的主要观点基本上呈现以下几种学说：第一种，冠名权是一种商事人格权；第二种，冠名权是一种商品化权；第三种，冠名权是一种公权力。这些观点对于冠名权基本构成要素的论述存在明显差异，需要认真辨析。

首先，冠名权的主体归属为何。第一种观点认为“所谓冠名权，是指某一自然人或法人对其所有或管理、经营的建筑物、特定事件、特定团体等予以命名的专有权”，把冠名权的主体定位为建筑物、特定事件、特定团体等冠体的“所有或管理、经营”者，第三种观点认为冠名权是一种行政机关行使对自己管理的对象化事物的命名权，而第二种观点则认为是冠主对继受取得原始主体具有的社会广泛认知性的所属物、商业或公益活动设定名称的权利，是对他人所属冠体的冠名权。此外，对于冠名权的客体究竟指向为何，上述观点或者语焉未详，或者缄默不语。但从其上下文中可以推断，有的将其定位为被冠名事物，有的将其定位为冠名。目前对于冠名权的客体并无明确界说。

其次，关于冠名权是公权力还是私权利，前两种观点明显将冠名权作为一种私权利来对待，而后两种观点则明显地将其列入公权力的范畴。如果把冠名权定位为一种私权利，那它又是一种什么样的私权利？第一种观点认为是一种对于冠体命名的专有权。从该观点所处的语境来看，作者是把它作为商事人格权转让的具体种类——赞助用名的一种情形来看待的，并认为在法律性质上可以

---

① 周健、江寄鸥：《略论道路冠名商业化中的法律问题》，载《法商研究》1997 年第 3 期（总第 59 期）。

② 何晓华：《对道路冠名权的法律思考》，载《学术界》1998 年第 3 期和《河北法学》1998 年第 4 期。

作为财产权加以转让。[①] 第二种观点则认为冠名权是针对冠体设定名称的权利,并认为冠名权属于无形财产、相对权,是一种"商品化权利"。

最后,上述界说均是针对道路冠名权、球队冠名权等个别冠名权所作的论述,而缺乏对其上位概念——冠名权——的统一阐释和深入探讨,更没有从权利体系化的角度对冠名权进行整合和定位。

冠名权概念的各种界说反映了人们从不同角度聚焦这一基本学理问题,但众说纷纭不免让人们对这一概念的认识莫衷一是。有鉴于此,笔者对上述关于冠名权的若干界说提出以下批驳意见。

(1) 商事人格权概念立基于民商分立的立法论,难以解说公益事业领域普遍存在的冠名权问题,且该概念摇摆于人格权与财产权之间而无清晰的定位。

(2) 即使公共设施冠名权的出让也应遵循合同平等的基本原则,地名行政许可权的行使只是落实冠名权转让合同的一道后续行政程序,并不能抹煞也不能决定冠名权转让合同以及冠名权本身的属性。

(3) "商品化权"实际上是一个外延驳杂、内涵模糊、模棱两可、似是而非的法学概念,它指称的是部分人格权进行商品化使用的一类权利现象,"人格权尽管可以商品化,但没有必要将其包含的经济利益确认为一种独立的权利类型"[②]。不仅如此,商品化权所表达的人格权商品化使用与民事主体将自己的人格标识冠于其他事物名称之上的冠名权在权利生成逻辑和运作方向上是截然相反的,因此以商品化权来解释冠名权是不恰当的。

## 第二节 冠名权的人格权观

在对既往理论学说关于冠名权界说进行剖析反思的基础上,笔者曾从权利构成要素的基本理论框架对冠名权进行解析,明确提出统一的冠名权概念,并认为冠名权是权利人对于他人支配的对象化事物进行冠名所享有的民商事权利,冠名权不同于物权、姓名权、名称权等既有的权利种类,在构成要素和法律性质

① 程合红著:《商事人格权论——人格权的经济利益内涵及其实现与保护》,中国人民大学出版社2002年版,第188页。

② 王利明著:《人格权法研究》,中国人民大学出版社2005年版,第285页。

上具有一系列鲜明的特质，有必要将其规定为一种独立的具体人格权。这种观点主要是从人格权的视角对冠名权作了新的界定，以下就其主要内容作一概述。

## 一、冠名权的构成要素

在权利的构成要素上，冠名权的客体为冠名，冠名是冠名者(即冠主)的姓名、名称、商标等主体名号在其他事物名称上的扩展和衍化，由专名和通名两部分组成。① 比如说“春兰杯世界围棋锦标赛”这样一个完整的冠名，其中“春兰”为专名，是其冠名者江苏春兰集团公司(主赞助商)的名号，通名为“世界围棋锦标赛”，该赛事(被冠名事物，即冠体)由中国围棋协会(被冠名事物之主，简称物主)主办。同理，其他冠名均有与此相同的结构组合，如国内外多个城市都有的“海尔大道”、邵逸夫先生在各地捐建的“逸夫楼”、“大河报号”郑汴城际公交车、河南四五足球队等，尽管冠体各异，冠名方式有别，但均是冠主以其名号冠于冠体名称之上，借以扬名。从这个意义上来讲，冠名是一类可被统一整合的权利客体，具有成立为一种独立权利的事实基础。相应地，冠名权的主体为冠主，冠主可以是法人或其他组织，也可以是自然人，在商业性冠名中一般为商事公司；冠主可以为单一主体，也可为多个主体联合，此时通常要区分主副冠名权人以及相互之间所享有冠名权内容的范围。冠名权的内容主要是对冠名的占有、使用并得排斥非法干涉。

## 二、冠名权的法律性质

在法律性质上，冠名权既不同于根据物的固有用途而成立的物权，也不同于姓名权、名称权等原生性人格权，是一种新型的具体人格权。从冠名的复合结构来看，冠名实际上是冠主姓名、名称或者商号、商标以及其他表征冠主人格的文字符号在某种对象化事物名称上的一种拓展和延伸，是冠主固有人格权的权利投影。冠名权正如姓名权、名称权等人格权一样，对于不特定的多数人而言是一种具体的人格权，是一种绝对权、支配权。人格权的对世性、支配性、防御性对于冠名权而言理应同样适用，但在法定性、非财产性、固有性、专属性等方面似乎表现不足，甚至与传统人格权观念存在明显龃龉，需要合理解释。首先，人格权的

① 朱体正:《冠名权的法律界定》，载顾功耘主编:《中国商法评论》，北京大学出版社 2006 年版，第 10-20 页。

发展具有开放性,随着人格权的类型以及人格利益的范围增加而不断扩大,冠名权等新类型的人格权或可不断为人们所体认进而纳入法定范围;其次,人格权与财产权在现代法律上的区分并不在于有无财产价值,而仅在于强调前者并无直接的财产内容,冠名的要义就在于利用他人的冠名机会展示冠主的名号,因此应该将冠名权列为一种具体的人格权,而非财产权;再次,冠名是冠主的固有人格标识与主体之外的其他要素名称(通名)的重新组合,冠名中的专名属于冠主的固有人格标识,与冠主与生俱来,相伴始终,由冠主专属享有,冠名可有冠主专名与多种通名组合,但专名始终是冠名的核心构成要素,冠名只不过是冠主人格标识向主体范围以外的拓展和外化,在本质上与姓名权、名称权等人格标识并无二致;最后,冠名权的独特性就在于它既守正于既有的人格权体系,又出奇于新生的人格利益,这不是对传统人格权观念的颠覆,而是人格权概念面向社会发展与时俱进的应然体现。因此,冠名权从整体上来看符合人格权的基本特质。

## 三、冠名权的制度设计

在制度设计上,冠名权具有切实保护的现实需求,因为这类权利如同其他权利一样可能遭受侵害,既包括对冠名直接予以遮蔽、涂销、篡改,也包括冠体受到毁损同时殃及冠名存续的正常状态,比如汽车撞毁或撞倒了一栋冠名捐建的建筑物而导致冠名字体被毁、媒体故意隐匿或者篡改真实冠名等。无论是直接侵害冠名还是间接侵害冠名,冠主均应有权请求停止妨害、恢复原状、赔偿损失等,对于某些具有特定纪念意义的冠体,如果造成了永久性灭失或者损毁,冠主应当有权请求精神损害赔偿。但在我国目前法律状况下,由于冠名权并非一种法定权利,尚不能直接提起冠名权侵权之诉。《民法通则》中虽对姓名权、名称权有所规定,但二者与冠名权确有明显区别,司法解释对此也无相关说明。如有第三人损害冠名建筑而同时致冠名灭失,在物主未能请求对方将冠体和冠名予以修复或赔偿的情况下,冠主难以突破冠名合同的相对性约束而直接向第三人主张冠名权利的救济。因此,冠名权确有从权利的自由资源状态上升为法定权利状态的必要性。具体到制度设计上,可将冠名权与姓名权、名称权一起,同时规定于《民法典》之"人格权编"中。

上述关于冠名权概念的界定立基于人格权的视角,明确地将冠名权归为冠名者的一种具体人格权,使冠名权的概念和法律性质得到新的诠释,使之成为一个用以涵盖一大类法律性质雷同、运作规则一致的经济和法律现象的法学概念,使原本几近于自由资源状态的冠名类人格利益提升到权利位阶，明确冠主在冠名权商业赞助中的合法权益，并可为冠名捐赠之火浇以权利之油，助推慈善事业的繁荣与发展。①

# 第三节 冠名权人格权观之反思

## 一、冠名权人格权观的积极意义

“学术性体系的任务在于：将内存于——作为意义整体的——法秩序中的意义脉络显现出来，并予以描述。发现主导性的原则及其于规整内涵中的具体化，建构规定功能的概念并将之整理为体系，此均有助于前述任务的达成。”②前章关于冠名权概念为一具体人格权的提出和论证，使得冠名权概念在一定程度上从一个日常用语转化为法学概念，具有积极的理论价值和现实意义。

第一，它整合了各类散在的冠名权概念，初步实现了从具体上升到抽象的理论作业。在此之前，理论界关于冠名权概念的界说处于一种散在性、个别化状态，即主要是有关体育冠名权、地名冠名权等的理论解析，而缺乏从具体到抽象、从个别到一般的理论作业，使得冠名权概念长期游离于主流民法学的研究视野之外。而统一冠名权的建构则察觉到各类冠名权现象中蕴含着可供统一整合的同质性规律，从而通过归纳抽象，建立了冠名权的一般性理论框架，为研究这类权利现象提供了一定的理论基础。

第二，它呼应了人格权扩张的演变趋势，并为冠名权作为具体人格权的法定化作出了理论尝试。冠名权的人格权性视角阐述了冠名权的独立内涵和特定外延，指出它所保护的冠名利益与既有的姓名、名称等其他人格利益之间的区别和联系，在一定程度上揭示了冠名权作为一种新型权利的一系列特质，并力图将其上升为一种具体人格权，为冠名权融入权利体系提供了一种可能的理论路径。

第三，它可为冠名权相关立法奠定法理基点，为冠名权的权利保护和运作规制提供一定的理论参照，明确冠主在冠名权商业赞助中的合法权益，并可为冠名

---

① 朱体正：《冠名权概念解析》，载《北方法学》2008年第4期。

② 卡尔·拉伦茨著，王晓晔等译：《德国民法通论》，法律出版社2003年版，第360页。

捐赠之火浇以权利之油,助推慈善事业的繁荣与发展。

## 二、冠名权人格权观之批判——债权性界定

"理论之构建、批评及防卫乃是法学的主要工作,也总是涉及体系的形成。"①关于冠名权作为一种具体人格权的理论界说虽然具有一定积极意义,但从民法理论体系的自洽性角度重新审视,这一论点和论证过程仍然存在不容忽视的疑点,这些疑点的累积势必削弱该观点的妥当性,从而暴露出难以克服的内在缺陷,需要予以剖析和矫正。

### (一) 冠名权客体的定位存在一定偏差

在法律关系中,"主体为权利义务之所属,客体为权利义务之所附",客体是权利建构的基石,也是权利分类的重要标尺之一。冠名权的客体到底是什么?冠名权的人格权观认为,冠名权的客体是冠名,冠名是不同于姓名、名称等既有人格利益的独立客体,因而得以成立冠名权。从表面上来看,所谓的"冠名"也是一种人格利益形态,其在结构上是冠主人格标识与冠体通名的联袂组合,如"海尔大道"。但不无疑问的是,这种冠名到底是名称权、姓名权固有权能的自然延伸,还是一种自立自成的人格利益呢?依人格权法理而言,姓名权的权能包括决定、使用、更改等各类权能,其中使用权能是指自然人使用自己的姓名以明确自己的身份,从事社会活动,满足自己物质和精神方面需要的权利。② 名称权的使用权能也是如此。这种使用不仅包括在自主范围内提示或签署自己的姓名、名称,而且还应包括在债权债务关系中约定的时间、空间范围内使用自己的姓名。总之,姓名权、名称权的使用权能中就包含"利用姓名权、名称权于社会活动和商业活动中,以显示个体的特征"③。譬如在冠名权场合中,虽然是其他主体支配下的事物,但是根据双方的约定,冠主取得了在该事物名称前缀以自己姓名、名称或者要求对方在一定场合下显示自己姓名、名称的权利,这是冠主实现其冠名权合同所生债权的体现,冠名权的客体"冠名"在本质上与其他债权无异,也是一种给付行为,即被冠名方根据冠名合同约定设置、显示、维持冠名,在这种意义上冠名是一种行为状态,而不是一种行为结果,而冠名权的人格权观所看中的正是

---

① 卡尔·拉伦茨著,陈爱娥译:《法学方法论》,商务印书馆 2005 年版,第 16 页。

② 杨立新著:《人格权法专论》,高等教育出版社 2005 年版,第 34 页。

③ 魏振瀛主编:《民法》,北京大学出版社、高等教育出版社 2000 年版,第 633 页。

后者，即冠名设置后所形成的一种静态效果，并据此成立一种类似于姓名权、名称权的具体人格权。不错，冠名设置后会出现这种静态效果，但这只是冠名行为实施后的一种当然的事实因素，它并不能倒果为因地决定冠名权本身的法律意义。从“冠名权”一词的本义来看，其所表达的就是一方对于另一方支配事物享有冠名的权利，是一种债权诉求，是一种相对权，并不具有冠主所有冠名自主对世的绝对权意义，不像姓名权、名称权一样呈现出一种基本的权利静态。因而如果将冠名权定位为人格权，实际上存在权利形态认识和客体选取角度的偏差。

退一步而言，即使认可冠名权人格权观下的权利客体，在所谓的“冠名＝姓名/名称＋通名”的组合结构中，冠名结果固然存在，但实际上对于冠名权合作的双方而言，其利益所瞩并不完全一致，冠主关心前半部分，物主关心后半部分，因而在法律权利的确认上，应当以客体的核心要旨为确立对象，不应将两个“同床异梦”的对象强制组合为一个权利客体。因此，所谓冠名权的客体为冠名的观点仅仅依据权利现象的表层而并未触及这种法律机制下真实的权利关切，并不适当地将姓名权、名称权中使用权能的固有范围加以限缩，最终造成冠名权为一种独立的具体人格权的理论幻象，这是不足取的。

**（二）冠名权概念的外延尚需甄选**

虽然大多数冠名权现象具有相同或相近的社会经济动因和运作机理，具备统一抽象概括为一个冠名权集合概念的事实基础，但是需要注意，“冠名权”在当下已经成为一个在不同语境下意义驳杂的用语，除上述各例外，在其他一些场合也常常出现“冠名权”或者“冠名”的用法，如前所论，这些“冠名”或者“冠名权”与典型的（亦即作为本书研究对象的）冠名或冠名权含义均有所不同。比如：“鲁外50万元买下三年鲁迅冠名权”实际上是鲁迅姓名被借用的问题，而非鲁迅或其遗属主动地将其姓名冠至该校名之上；“水果月饼不能随便冠名绿色月饼”和“临床医学冠名词典”实际上都是对某种事物如何进行限定性称谓的问题；某公司抢注“汉正街”商号冠名权实际上是该公司是否可以将特定地名注册为自己商号的问题；如果说“神六英雄冠名小行星”和“太阳系运行‘瑞安中学星’”等冠名小行星的个人或组织也获得了“冠名权”，那么这种冠名权实际上是小行星命名委员会颁授给这些具有突出社会贡献的个人或组织的一种特殊的荣誉，而不能通过交易获取①，因此在法律性质上应被定性为一种荣誉权。总之，这些有名无实的

① 邓学志：《明星买小行星命名权遭拒与价值取向》，载《新华日报》2007年3月16日。

“冠名权”现象既与《现代汉语词典》关于冠名权一词的通常解释有异，也与前述的各种常见的冠名权的发生机理和运作机制大不相同，甚至截然相反，它们实际上不过是部分传媒对于“冠名”或“冠名权”一词的泛用，故不应纳入冠名权概念确指的对象范围，不能构成冠名权概念的外延。

但是，上述外延甄别并不意味着构成一种概念霸权，或者说其他场合下所使用的“冠名权”就应立即废止，因为一种称谓的形成和传播自有内在的机理，在不同的语境下可能具有相去甚远甚至是南辕北辙的含义，我们在研究中只能根据特定的理论背景来考察自己的研究对象，而不能也不可能杜绝其他的概念称谓。换言之，我们这里只是为了剖析一种具有同样内在规律的法律现象，并根据冠名权意义的通常含义（以《现代汉语词典》为据）所进行的外延甄选，这只是为了保证论证前提的确定和论证逻辑的严密而采取的必要的论证手段，并不排斥现实生活中其他意义的冠名权用语。

**（三）冠名权与人格权的性质难以融合**

冠名权的人格权观也清醒地认识到，如果将冠名权视为一种具体人格权，那么将面临着不可回避的体系冲突，故为此展开了论证，试图消解其中的理论歧异，但是这种阐释的说服力是有限的。首先，冠名权确因合同继受而得，冠名权人由此从被冠名人处获得一种请求对方予以冠名的债权，是一种相对权、请求权。根据合同的相对性法理，这种债权对第三人并无法律约束力，无从取得对世权的法律效果。冠名权显然非法定权利，不符合人格权的法定性，至于是否应当获得此种法律地位，尚取决于其他因素。其次，冠名权固然在一定意义上体现了冠主的人格标识和人格利益，但是这种人格利益并非如姓名、名称一样固生于主体的人格利益。如前所述，冠名实际上是姓名权、名称权的权能借着债权形式的一种外化和特殊表现，因此冠名权不符合人格权的固有性特质。即使将冠名的专名部分引申为冠主固有人格要素，无异于架空了冠名权自身的客体，对于化解冠名权与人格权的固有属性也无益处。再次，冠名权在实践运作中的确体现出鲜明的财产性，冠主提供赞助换取冠名权本质上是一种广告投资手段，冠名彰显冠主人格不过是固有人格权权能的表现之一，从根本上讲这与花钱在媒体上做广告是一个道理，只不过冠名赞助广告与常规广告相比更加委婉和内敛，是一种软广告。因此，将冠名权定位为一种人格权而否认其财产性，并不符合冠名权运作的实际情形。综上所述，冠名权性质的人格权定位与既有的人格权体系形成了难以化解的理论冲突，低估了人格权权能的可能射程，忽视了冠名权本质上作为财产权的属性。

**(四) 冠名权的绝对权保护并无必要,制度设计难以操作**

冠名权作为一种人格权,主要意旨在于通过赋予其绝对权的法律地位对现实生活中的这种权利形态加以保护。但是,值得考虑的是,现实生活中这种侵权情形发生的可能性到底有多大?由于冠名权实际上还是源于双方当事人根据合同机制加以运作,其本质上就是一种债权,这一债权的实现与否主要还是看被冠名方是否根据合同约定在冠体名称上显示冠主名号,而非冠体掌控于冠主之手,否则冠名权就会像姓名权、名称权那样自主地加以行使,而不必受制于其他主体。至于冠主可就冠名事宜对外宣传则属冠名权的衍生利益,并非冠名权的权利本体和核心内容,实际上,冠名虽然经由被冠名方对外宣示,但由于外界并不能直接干预其运作,故侵权的可能性几乎不存在,反倒是因违约而不能实现的可能性更大,其责任追究仍应围绕冠名权双方的合同当事人展开。这从公开披露的一些冠名权合同纠纷案中也可得到证明。① 至于媒体可能隐匿或者遮蔽冠名的现象的确普遍存在,媒体多认为其虽在报道活动内容,但如无特别约定,其并无义务为冠主作宣传,这点于情于理并无不妥,即使在报道中篡改冠名,如将"A杯棋赛"报道为"B杯棋赛",则首先是赛事组织方应当根据冠名权合同义务责成媒体如实报道,如无约定,冠名方亦可以名称权被侵害为由要求媒体更正,因为如前所论,冠名无非也是冠主固有人格权能的一种特定形式的发挥和体现,不必另起炉灶确立冠名权为一独立人格权加以保护。如果冠名被涂销、破坏或者篡改,冠体所有人或者管理人有权以名号权的本权即物权或者其他事物的经营管理权追究对方的侵权责任,冠名权人也有权以名称权、姓名权被侵害为由追究对方的侵权责任。因此,在目前的制度框架下,通过冠名合同的内部问责和侵权责任的外部救济足以对冠名权加以保护,而不必将其设置为一种绝对权。

退一步讲,即使赋予冠名权以法定地位,又当如何在民法制度中加以规定?如何确保这种继受而来的"人格权"与既有的人格权类型体系和谐共生?从现实角度考虑,将这类权利定位为一种债权,并在广告赞助合同中予以体现不失为一种明智之举。② 况且,冠名权的人格权观只是提供了一种理论进路,并未能拿出

① 参见隆鑫集团有限公司与重庆山城足球俱乐部有限公司球队冠名权纠纷案,载法易网:http://judge.laweach.com/Prej_9752_1.html(最后访问时间:2013 年 5 月 20 日)。

② 徐国栋主编:《绿色民法典草案》,社会科学文献出版社 2004 年版,第 649 页。

一个具体的立法解决方案,因此其可操作性是值得质疑的。

**(五)对冠名权的无形财产权观有欠全面认识**

冠名权的人格权观虽然驳斥了将冠名权作为“商品化权”的错误观点,但并未注意到该种观点的背后其实隐含着另外一种可能的思路,即体育冠名权是一种商品化权,而商品化权属于知识产权。冠名权如果并不同于商品化权,那么是否有可能属于知识产权,或者正如有观点认为的属于“无形财产”或者“无形财产权”呢?冠名权的人格权观对此并未予以考虑。事实上,在发达国家,体育冠名权尤其是体育场馆冠名权的运作由来已久,业已成熟。进入20世纪90年代之后,职业场馆冠名权的发展更为迅猛,约有95%的体育设施建设融入了冠名权筹资方式①,冠名费从400万美元到2亿美元不等,冠期短则5年,长则31年。冠名权的购买者遍及业务领域不同的公司,但较多地分布于航空、电信、电脑、汽车、个人消费品、金融服务和饮料等行业。② 冠名公司使用冠名权不但要设立品牌警示,还可以通过申请获得服务商标权的方式来延伸这些标识的法律保护。通常一个赞助公司会在《兰哈姆法案》(Federal Lanham Act)国际部分041栏(“教育与娱乐”)登记其服务商标(service mark),这些商标大多包括其原有商标外加“场”“馆”“园”或“中心”等用语。这些登记通常包含一个附属的“不认可”(disclaimer)条款:不得将“场馆”与其商标分开使用。赞助公司可从不同角度对其服务项目加以描述,分别登记,但有两种表述被广为选用:为体育和娱乐提供场馆设施,或者根据体育赛事的性质提供娱乐。比如由安豪泽—布施公司(Anheuser-Busch,简称A-B公司)冠名的布施体育馆(Busch Stadium)登记注册的服务商标注明:“‘为休闲等提供体育和娱乐设施’,本商标为安豪泽—布施公司所有。”又如安然体育场(Enron Field):“‘为体育和娱乐提供场馆设施;安排和运作体育赛事;提供体育类娱乐服务’,本商标由安然公司所有。”③因此,如果从知识产权的角度来说,这类体育场馆类冠名倒可能因为提供特定的服务项目而注册为一种服务商标,那这种意义上的冠名权实际上就是商标权,所以冠名权作

---

① Ralph C. Anzivino, *Reorganization of the Professional Sports Franchise*, 12 Marq. Sports L. Rev. 9, 56 (2001).

② David G. Weiler, *Naming Rights*, Royalty Source: http:// www. royaltysource. com/naming. html (last visit May 20,2013,sit Apr 2, 2008).

③ Christian Maximilian Voigt, *What's really in the Package of a Naming Rights Deal? Service Mark Rights and the Naming Rights of Professional Stadiums*. 11 J. Intel. Prop. L. 327. Spring (2004).

为一种知识产权或者无形财产权并无不可解释的理论通道(对于无形财产权的概念,理论上有所争议,其力倡者吴汉东、胡开忠两位先生认为它是"大于知识产权范围、包容一切非物质形态的精神产品所产生的权利"①)。但是必须明确,此种意义上的冠名权显然已经不同于冠名权转让合同的债权意义了,或者说已经失去了作为冠名权的应有含义,其间的法律关系应当按照商标法加以调整。可见,冠名权的人格权观未能对冠名权的含义进行必要的多元考察,对于冠名权作为无形财产的理论反驳不够全面和深刻。

综上所论,冠名权的人格权观忽视了冠名权形成的合同管道,误读了冠名权基本的权利诉求,偏离了冠名权客体的应有定位,低估了人格权权能的固有射程,并无力缓释由此造成的理论冲击,难以实施可行的制度设计,且缺乏对冠名权含义的多元考察,因此这种观点是不可取的。在权利形态流变上,冠名权源于物名权等名号权的"蝶变",即名号权主体出让其所支配事物(包括其自身)名号的冠名机会,受让人因而取得一种特定的债权——冠名权。从这种意义上冠名与其说是一种静态结果,毋宁说是一种动态过程,在这一过程中,冠名权人的姓名权、名称权的权能得于其他载体上得到拓展和释放。冠名权的要义在于特定的当事人之间一方得请求另一方于后者的名号之前附缀前者的姓名、名称等人格标识,这种权利诉求实现与否,意即冠名权人的标识能否通过冠体的显著地位获得宣示和张扬,根本上取决于被冠名方能否依约设置和显示冠名。换言之,冠名权虽有人格权的表象,但本质上却是"人格权权能的血脉贲张借着债权的血管流淌"。

## 三、冠名权概念再省察

上述批评并不意味着冠名权的人格权视角的分析纯属多余,毫无价值。实际上,正是在对冠名权的人格权性质的阐释与反思中我们才得以瞥见姓名权、名称权等固有权能在新的社会经济条件下所可能具有的射程与表现形式,因为在此之前,我们对于这类具体人格权的认识基本上还是以静态维护、尊重或者容忍作为权利常态的,即使有人格权商品化现象的出现也只是一种"权利输出"——授权许可使用(例如肖像有偿使用、特许经营加盟等),而并未充分认识到人格权还可以借助外部载体拓展其得以表现的领域,这就是通过商业赞助或者慈善捐助所形成的"权利输入"——冠名。换言之,正是在冠名权与人格权理念的冲突

① 吴汉东、胡开忠著:《无形财产权论》,法律出版社2005年版,第60页。

和论证中才得以激发和凸现人格权的潜在权能,这种理论体系的应激所产生的“反作用力”使得我们对于既有的人格权理念产生新的认识。

落实到人格权立法上,不妨明确在姓名权、名称权部分添加上“自然人可以自己的姓名、法人可以自己的名称冠名其他事物”,从而可以显著地丰富和更新人格权的理念与内容。除此之外,我们从冠名权人格权观的剖析中也可以窥察到,要想彻底理解冠名权,还需要全面深入地把握这种权利的来龙去脉,分析和整理冠名权的形态流变,挖掘出隐匿于实体权利之下的名号权,从而为建构实体权利——名号权利的二元体系结构提供理论进路。总之,冠名权的人格权观尽管存在不可回避的论证缺陷,但它在当下冠名权研究尚待深入推进的客观情势下,直面纷纭复杂的冠名权现象、力图析出一个具有统合意义的冠名权概念,无疑具有一定的积极意义。正是对此基本问题的不懈追问,以及“目光在事实与法律之间往返穿梭”,才得以实现对冠名权问题认识的自我更新,明辨冠名权生活事实的法律意义及其相应的法律效果。

然而,即便肯定了冠名权人格权观蕴含的积极价值,却又面临着新的疑惑:通过对冠名权人格权观的反思与批评,似乎不过是在理论上恢复冠名权应有的债权意义而已,除此之外,关于冠名权的若干讨论是否已无其他意义?如果没有,冠名权概念还有析出、存在的必要吗?的确,这是一个不得不认真面对的“后人格权观”问题。亚里士多德说:“古往今来人们开始哲理探索,都应起于对自然万物的惊异;他们先是惊异于种种迷惑的现象,逐渐积累一点一滴的解释……”[①] 如前所论,冠名权在当下已经成为一种普遍存在、广泛应用的经济与法律现象,进而逐渐被视为一个主流的汉语词汇(以《现代汉语词典》收录为佐证)。冠名权既然可以被称为一种权利,一向以昌扬私权神圣、权利本位为要义的民法学就不能不对这一概念给予必要的关注,不能不在学理阐释上为其提供一个基本的“说法”。不仅如此,冠名权在体育、文化、娱乐、公共设施以及慈善事业等多种领域运作日久且在某些方面渐趋成熟,在此过程中也客观地存在着一些疑难问题,例如,地名有偿冠名中冠名企业的权益保护与公共利益的冲突和协调问题、体育冠名权的法律保障和运作规律问题等。对冠名权理论与实践问题的多角审视必然引发对问题核心词语——冠名权——本身的深度考量和体系把握。法律适用连接着两个世界,生活事实世界以及以应然规范为内容的法律世

① [希腊]亚里士多德著,吴寿彭译:《形而上学》,商务印书馆1991年版,第5页。

界,即实然世界与应然世界。[①] 然而生活事实毕竟不会自动地转化为法律事实而得涵摄于法律规范,沟通其间的是对事实和法律进行必要的双向解释,于"目光在事实与法律之间往返穿梭"中明辨生活事实的法律意义及其相应的法律效果,实现法律对现实生活的规范。在此意义上,为冠名权提供某种界说——无论是人格权观抑或债权观甚或其他观点,都是对这类权利现象之"惊异"的解疑释惑,都有可能成为指导冠名权法律实践运作的理论基点。质言之,冠名权这类权利现象的客观存在决定了我们必须直面这一概念,使用这一概念,解释这一概念。"生活就是一种不停的解释活动"[②],解释本身就是一种意义。

但是,上述解释似乎还停留在"存在即是合理"的辩护阶段,尚未释疑作为一种债权的冠名权究竟何以见容于法学概念之林?的确,在一般情况下,因合同而生的各种债权并无特别的称谓,例如买卖合同债权并不被称作"买受权",保管合同债权不被称作"保管权",委托合同债权不被称作"受托权",加工承揽合同也不被称作"加工承揽权",如此等等。不过也有例外,除了基于合同而成立并被法定化的土地使用权、地役权等用益物权之外,还存在着基于租赁合同而成立的债权,学理上习惯称之为"租赁权"。[③] 租赁权本系债权(立法例外如,将租赁权规定为物权者有 1784 年《普鲁士普通邦法》,西班牙民法中规定不动产租赁契约长于 6 年且已登记者租赁权视为物权[④]),具有相对性,但随着立法上"买卖不破租赁"规则的确立,租赁权遂有物权化之趋势,租赁权取得了物权之对抗效力,使承租人对于取得租赁物或者其他物权之人仍可主张租赁权之继续存在。[⑤] 在具体的法律技术处理上,立足于承租人地位之债法性质的同时,再配合以某种物权法上的效力(主要是对抗效力),借助物权法的登记或预告登记手段(瑞士模式),或借助契约法法定承担制度(德国模式),以此实现"买卖不破租赁"的法律效力。[⑥] "租赁权"这一概念无非是想说明,"承租人所欲受保护的核心利益,在于其对租

---

① [德]考夫曼著,刘幸义等译:《法律哲学》,法律出版社 2004 年版,第 170 页。

② 殷鼎著:《理解的命运》,三联书店 1988 年版,第 100 页。

③ 苏永钦:《关于租赁权物权效力的几个问题——从"民法"第 425 条的修正谈起》,载苏永钦:《走入新世纪的私法自治》,中国政法大学出版社 2002 年版,第 341 页。

④ 张双根:《谈"买卖不破租赁"规则的客体适用范围问题》,载王洪亮、张双根、田士永主编:《中德私法研究》(No. 1),法律出版社 2006 年版,第 11 页。

⑤ 王泽鉴著:《民法学说与判例研究》(6),三民书局 1994 年版,第 194 页。

⑥ 张双根:《法政策判断与法律技术构造——对朱庆育先生评论的回应》,载王洪亮、张双根、田士永主编:《中德私法研究》(No. 1),法律出版社 2006 年版,第 62,63 页。

赁物的使用与收益的维持,也就是其用益权利所具有的对抗性效力”,除此之外其所表达的意义实在有限,“与其说它是一项独立的权利,不如称其为债权之效力”,因此有学者倾向于否认租赁权概念独立存在之必要以及“租赁权物权化”命题的意义①。本书认为,尽管“租赁权”一词不过是租赁合同债权的一种习惯性、替代性称谓,但其作为债权的一个下位概念,仍然具体地概括了租赁人在租赁关系中的法律地位,并且鉴于“买卖不破租赁”规则的存在,使得这种债权虽然未能像土地使用权等一样成为法定的用益物权,但仍然有别于其他债权,因而保留这一概念并非纯属多余。上面之所以论及租赁权,是因为冠名权的特质在一定程度上与租赁权颇为近似:物类冠名相当于符号化地占有了不动产或动产(主要是指交通工具)的冠名位置;从实践来看,冠名期限一般较长,道路、桥梁、写字楼、林木等不动产冠名一般在 20 年左右,列车、船舶、飞机等交通工具类动产冠名一般也在 2 年以上。物类冠名权的这些特点使得其与租赁权颇为类似,其他类型的冠名权如电视节目冠名权、文体赛事冠名权、节会冠名权等虽然冠体与物类冠名权有所不同,但在权利内涵和功能应用上均与物类冠名权具有同质性。因此,对于冠名权这一概念的研判大抵与租赁权同。笔者也注意到隋彭生教授提出了“用益债权”的概念,认为用益债权与用益物权相对应,是对他人所有的不动产或者动产依法享有的占有、使用、收益的债权,用以概括居住权、租赁权等诸项权利形式。② 准此以解,对于动产、不动产符号性占有、使用和收益的冠名权与此颇同,不妨纳入其中,其他冠体如赛事、机构的冠名权亦与此近似。

提出冠名权这一概念,不仅仅在于它指称着现实生活中一大类性质雷同、规则一致的权利现象,更在于冠名本质上就是一种向外发布的软广告,因而冠名权较之租赁权更具有一种得对抗第三人的事实状态和权利诉求,因为某些冠名权的实现较特殊,如地名类冠名应当根据地名命名的一般规范依法进行登记,新地名经相应级别的人民政府或专业主管部门批准审定后即为标准地名、法定地名,由地名机构或民政部门汇集出版,各机关、团体、部队、企业、事业单位使用地名时以此为准(国务院 1986 年颁布《地名管理条例》第 5, 9 条)。因此,针对冠名

① 朱庆育:《“买卖不破租赁”的正当性》,载王洪亮、张双根、田士永主编:《中德私法研究》(No. 1),法律出版社 2006 年版,第 54 页。

② 隋彭生:《用益债权:新概念的提出与探析》,载《政法论坛》2008 年第 3 期。

权的实践运作也应比照“买卖不破租赁”的通例，于冠名合同制度中确立“买卖不破冠名”的规则，即在被冠名人将冠体以冠名权人的名号冠名后又将冠体让与第三人时，冠名权人仍得以其冠名合同的效力对抗新的冠体所有权（在物类冠体上）或管理经营权（在非物类冠体上）。但是，确立“买卖不破冠名”的立法政策考虑并不全同于“买卖不破租赁”，因为后者的基本考虑在于使无钱购置房产而租住他人房屋者免受因房产转让而致辗转流离之苦。但从冠名权运作的实践来看，冠名者一般为实力雄厚、贡献突出、信誉良好的商业公司或者个人，因而不存在冠名人经济弱势之考量。值得注意的是，对于“买卖不破租赁”规则，亦有学者认为，“即使承租人不是弱者，从物权法的效率原则出发，也不应当允许买卖击破租赁。这也应当是一个很好的解释理由”①。冠名权之运作亦应注意交易之效率问题，若冠名频换，势必影响冠体自身用益之便利；更为重要者，乃在于冠体多为具有突出社会地位之事物，无论是道桥、楼宇，抑或是节会、赛事，均牵涉冠体运营之稳定与公共秩序之维持，因此对于冠名权之运作，更应确立“买卖不破冠名”规则。

## 小结

本章对于冠名权作为一种具体人格权的观点进行了反省和批驳，认为该观点在对冠名权进行人格权定位的同时与既有的人格权体系形成了难以化解的理论冲突，也低估了人格权权能的可能射程，忽视了冠名权本质上作为债权的本质属性，因而是不足取的。

冠名权的要义在于特定的当事人之间一方得请求另一方于后者的名号之前附缀前者的姓名、名称等人格标识，这种权利诉求实现与否，意即冠名权人的标识能否通过冠体的显著地位获得宣示和张扬，根本上取决于被冠名方能否依约设置和显示冠名。如无特别约定，不特定的社会第三人并无法定义务为这种冠名进行报道和宣传，如果冠名被涂销、破坏或者篡改，冠体所有人或者管理人有权以名号权的本权即物权或者其他事物的经营管理权追究对方的侵权责任，冠名权人也有权以名称权、姓名权被侵害为由追究对方的侵权责任，要求其以恢复冠名、更正报道等方式加以救济。

---

① 申卫星：《对张双根〈谈“买卖不破租赁”规则的客体适用范围问题〉一文的评议》（原文无标题），载王洪亮、张双根、田士永主编：《中德私法研究》（No. 1），法律出版社 2006 年版，第 24 页。

# 第三章
# 冠名权溯源

## 第一节　物名权、物权与冠名权关系辨析

### 一、物名权之提出

自然人有其姓名，法人及其他组织有其名称，作为权利客体，它们分别得以成立姓名权和名称权，此皆为民法学理和民法规范充分确认；与此相对应，作为物权客体的物，也有物名，如楼名、桥名、船名等等。物名是物的指称，便利人们对物的区分和使用，为物命名是所有权人行使个人权利、表达个人意志的一种外在表现，物名还常常成为特定的文化传统乃至利益关切、领土纷争的象征。[①] 不仅如此，物名所具有的稳定持续的传播媒介功能日益显示出其独特的广告价值，其典型运作方式是物类冠名。冠名权交易在发达国家发展已久，运作成熟，遍及场馆、影剧院、楼宇、桥梁、站点等建筑物、构筑物及列车、飞机、轮船等公共交通

---

① 例如，张家界和黄山争夺谁是电影《阿凡达》"哈利路亚山"原型的硝烟还未散去，2010 年 1 月 25 日张家界"南天一柱"（又名乾坤柱）正式更名为"哈利路亚山"，引起社会争论。参见罗媛媛、惠扬帆：《"南天一柱"改名"哈利路亚山"》，载《华商报》2010 年 1 月 26 日 B5 版。又例，日本近期宣布，计划在 2012 年 3 月底以前完成 39 个无名、无人小岛的命名，我国对此予以严正回应。参见《外交部回应日本命名钓鱼岛：单方面举措非法无效》，载新浪网：http://news.sina.com.cn/c/2012-01-30/185223856869.shtml（本章所有网络链接最后访问日期均为 2013 年 5 月 20 日，以下不再说明）。就本书视角，钓鱼岛附岛命名权问题既属于国际法上的领土主权问题，又属于民法上的物名命名权问题。

工具，尤以体育场馆冠名、写字楼冠名最具规模。[①] 在我国，随着市场经济的逻辑逐渐向纵深演绎，冠名权尤其是物名冠名现象不断涌现，颇受关注，有的还引发社会争议。[②] 实际上，非但物之冠名，赛事、节目等物外事物的冠名现象亦颇为盛行。可以毫不夸张地说，商品经济观念普及之处，几无不可冠名之物。[③] 除了冠名权商业交易之外，在慈善捐赠领域，同样存在大量的冠名现象。冠名作为一种合约工具，寓广告和融资双重功能于一体两面，体现了交易双方互通有无的竞合互惠关系，一方面将物及其他冠体的符号价值激发和利用起来，提升了物的综合价值和整体效用，另一方面，物名本身也是一类特殊的广告载体，有助于提高冠名人的知名度和美誉度。

物名衍生于物，又与物有明显区别，物名与物一样，作为特定利益的载体，有成立物名权之必要与可能。但是物名权迄今尚未引起民法理论和民事立法的足够关注，相形之下，姓名、名称因为具有彰显主体人格的基本功能，由此形成的姓名权、名称权被较早地纳入了权利整合的范围。在人们的潜意识中，所谓的物名权益似乎无关紧要，或者不言而喻地属于物权权利束中的一种，并无析出对待之必要，但是，观察现实生活可知，物名和人名一样也是一种客观存在的符号现象，物名权也是一种不难为人们察觉到的权利现象，为物命名和出让冠名，都是物名权的具体体现。然而，遍观目前的知识资源，对于该种权利的特质以及其与实体物权、冠名权的关系等基本问题尚缺乏必要的理论说明，这不仅难敷理论体系构建的自洽与自足，也难以解释和说明复杂的社会经济生活。例如，在商业实践中，存在各种形态的物名冠名权交易，有的是将写字楼与其冠名权一体购买，有的是购买部分写字楼及整栋楼宇的冠名权，有的是租赁写字楼并购买整栋楼宇

---

① 相关研究可参见 Robert H. Thornburg, *Stadium Naming Rights: An Assessment of the Contract and Trademark Issues Inherent to Both Professional and Collegiate Stadiums*, 2 VA. SPORTS & ENT. L. J. 328, 2003；张海茹：《英美大型体育场馆冠名权开发的研究》，北京体育大学 2010 年硕士学位论文；谭璐：《写字楼冠名权交易中的风险控制策略研究》，复旦大学 2006 年度工商管理专业硕士学位论文。

② 张志凌：《"鸟巢"出卖冠名权求生存，叫价数亿美元引发争议》，载中国新闻网：http://www.chinanews.com.cn/ty/zhty/news/2009/01-07/1517432.shtml；尹力、杜燕：《清华大学以服装品牌冠名教学楼引争议》，载中国新闻网：http://www.chinanews.com/edu/2011/05-24/3063278.shtml。

③ 《普救寺莺莺塔 1000 万元冠名"征婚"引起争议一片》，载新华网：http://www.sx.xinhuanet.com/jdwt/2010-07/25/content_20434903.htm；侯健译：《5000 美元买得婴儿冠名权》，载天际网：http://www.yesky.com/80/106580.shtml。

的冠名权[1],而更多的是纯粹的不动产或动产的冠名权交易。虽然现实生活中冠名权交易形态各异,但在理论上都存在着这样一个疑问:物权人(所有权人)对物之实体享有物权,但是冠名权的交易对象却是物的符号权利,那么物权人何以出让这种符号权利呢?不论认为这是一种新型的权利类型,或是认为物权也包含对物之名号的权利,均应对此作出基本的说明。从逻辑上讲,在物的实体权利(即现有的物权概念)与他人对该物的冠名权之间显然缺乏一个可得通约的介质,而这个介质,就是本书此处着力探讨的物名权。

## 二、物名权的特质——兼与实体物权之比较

我国《物权法》第2条第3款规定:"本法所称物权,是指权利人依法对特定的物享有直接支配和排他的权利,包括所有权、用益物权和担保物权。"准此而言,所谓物名权,是指权利人对特定的物的名号享有支配和排他的权利。这种支配,意味着权利人一方面可以对物名进行命名、使用、转让、变更和废止,另一方面亦得有权排除其他人的非法干涉。显然,上述界定只是比附物权定义所作的形式推演,其中存在的具体问题尚待研讨。我们注意到物名权与实体物权之间存在密不可分的关联,这就启示我们不妨先通过二者的比较来深化对物名权的认识,明辨物名权的特质。

### (一) 物名权与物权之差异

首先,物名权的客体是物名,是物的符号。与之相比,物权的客体是物,是物的实体(以特定权利为物权客体的例外)。既有的物权观念为实体物权——物体权,而未包括符号物权——物名权。物名虽然是因物而成,但它是一种意指符号,由人命名,属于人们的主观意识范畴,而物属于客观物质范畴。因此,物名权的客体——至少是直接客体——是物名而非物之实体,这正如姓名权的客体是人的姓名而不是人的生命、身体一般。[2] 这里强调物名权的"直接客体"是物名,也就隐含着其尚有"间接客体"或"终极客体"——物,这是由物名对物体的依附

---

① 《名企数亿资金争抢写字楼冠名权》,载搜房网:http://office.soufun.com/2010-12-09/4173600_1.htm。

② 在民法学上,姓名权、名称权、肖像权之所以被认为属于标表型人格权,也是因为姓名、肖像实际上都是一种符号,因而它们不同于名誉权、隐私权等其他精神性人格权,更不同于生命权、身体健康权等物质性人格权。关于人格权之分类,可参见张俊浩主编:《民法学原理》,中国政法大学出版社2000年版,第139页。

性所决定的。

此外,对于物权的客体及我国《物权法》第 2 条规定的“特定的物”是否为“特定物”而不包括种类物,理论上多持肯定态度①,但也有学者认为这是长期以来误将交易规则当作物权客体规则的结果,以至于否定了种类物的物权归属性,“特定的物”实际上不过是“特定客体物”或“特定的独立物”,既包括特定物,也包括种类物,而不应将其与“特定物”混为一谈②。本书认为,后一种观点更为确切地把握了物权客体的内涵,应予认同。准此以解,则种类物的物名亦为物名权之客体。需要注意的是,种类物虽然归属于某些主体,但撇开归属于特定主体的种类物不谈,就一般种类物而言,其通名的正式名称即学名通常根据学科通用的命名规则而定,如国际上通常采用林奈创立的“双名法”③为各类生物命名,学名由属名和种名组成,并于其后附上命名者的姓名。但这种意义上的“命名权”属于相应的学术组织行使的公共权力,而不同于本书所论的“物名权”。

其次,物名权的内容是对物名支配和排他的权利。④ 物权是权利人依法对特定的物享有直接支配和排他的权利,物权人对标的物的支配(管领、处分),既包括法律上的支配,也包括事实上的支配,包括一切可以对标的物实施的行为。⑤ 无论是作为完全物权的所有权,还是作为定限物权的用益物权和担保物权,物权的行使均是对物之实体的支配,而未涉及或不直接涉及物的名号。与此相比,物名权的内容则是对物名的支配,包括对物之名称的设定、变更、占有、出让和废止,权利内容均是针对物之名号,并不涉及或并不直接涉及对物之实体的占有、使用、收益和处分。如一座建筑物的铭牌或其他名称装置通常悬挂、雕刻或装饰在该建筑物入口的正上方或者两侧,其名称也在正式场合及日常生活中使用和传播,物名的立废变更至多在外观上对建筑物产生少许变化,而不直接影响其固有的形状、结构和功能。

---

① 关于物权客体为特定物的观点可参见谢在全著:《民法物权论》(上册),中国政法大学出版社 2011 年版,第 11 页;梁慧星、陈华彬著:《物权法》(第四版),法律出版社 2007 年版,第 36 页。

② 不同意见可参见尹田:《物权法理论评析与思考》(第二版),中国人民大学出版社 2007 年版,第 77 页;隋彭生:《“特定的物”是“特定物”吗?——与“通说”商榷》,载《比较法研究》2008 年第 4 期。

③ 参见维基百科“双名法”:http://zh.wikipedia.org/wiki/%E5%8F%8C%E5%90%8D%E6%B3%95。

④ 鉴于物名权权利样态的性质差异,本部分关于物名权支配权、绝对权的论述主要是针对下文所论的物名所有权而言。

⑤ 梁慧星、陈华彬著:《物权法》,法律出版社 2007 年版,第 7 页。

与物权一样,物名权也属于绝对权,亦即权利人有权以其意志对物名加以管领和支配,并能排除他人之非法干涉或妨碍,但需注意,强调物名权是一种排他的权利,并不包括物名权人有权禁止他人之物名与自己之物重名。这是因为,一方面,不同的物权人得对各自管领之物有命名的权利,而非对他人之物,另一方面,物名不仅是物之命名权行使的结果,也是一种言论自由,禁止他人与自己之物重名有干涉言论自由之嫌。但这里也有两种"例外"。一种是某些物的命名按照公法的规定具有排斥重名的效果。例如,我国《船舶登记管理条例》第10条规定:"一艘船舶只准使用一个名称。船名由船籍港船舶登记机关核定。船名不得与登记在先的船舶重名或者同音。"①据此,船舶所有人借助公法管制实际上取得了排斥他人与己船重名、同音的权利,但必须明确,这种排他效力是公权力的管制在私法上产生的一种反射利益,而非一种私权赋予,更非物名权的固有权能。此外,某些知名物的物名也有排除重名的必要与可能,比如北京奥运会两大体育场馆国家游泳中心"水立方"和国家体育中心"鸟巢"已被场馆运营者申请注册为商品商标。② 这是从商标申请的角度对知名物名的法律保护,但对于未进行商标申请的知名物名应否建立类似于驰名商标的特殊保护制度,防止知名物名被不正当利用、知名物名权被侵害,值得考虑。同时,一些种类物的物名,尤其是具有显著性的商品名称,如果不加防范,在市场传播和同业竞争中有淡化为同类商品通用名称之法律风险,因此应在一些特殊的情况下认可通用名称具有商标意义。③ 我国《商标法》第9条第1款规定,"申请注册的商标,应当有显著特征,便于识别,并不得与他人在先取得的合法权利相冲突",此处"他人在先取得的合法权利"涵盖范围广泛,如能将物名权确立为一项法定权利,亦得纳入其解

---

① 类似地,根据我国民政部1996年颁布的《〈地名管理条例〉实施细则》第8条之规定:一个县(市、区)内的乡、镇、街道办事处名称,一个乡、镇内自然村名称,一个城镇内的街、巷、居民区名称,不应重名;国内著名的自然地理实体名称不应重名;一个省、自治区、直辖市行政区域内,较重要的自然地理实体名称不应重名;上述不应重名范围内的地名避免使用同音字。

② 夏俊:《北京奥运标志建筑水立方和鸟巢注册成商标》,载金融界网:http://finance1.jrj.com.cn/news/2007-08-28/000002605934.html。从地名管理的角度分析,"鸟巢"和"水立方"的正式名称"国家体育中心"和"国家游泳中心"属于民政部《〈地名管理条例〉实施细则》第3条规定的"居民地名称",已具备防止重名的效力。

③ 杜颖:《通用名称的商标权问题研究》,载《法学家》2007年第3期。

释范围。[①] 但是，同样应当明确，这种防止他人物名重名的排他效力源于《商标法》对不同权益之间的价值判断，也非物名权内容的固有权能。总之，物名权的排他性是且仅是排除他人对自己物名权的非法干涉和妨碍，其本身并不具有排除他人与己物重名的效力，那是其他法律规范对此问题所作的价值判断，而非物名权的固有权能。此种逻辑正如实体物权中权利人得排除他人对自己行使物权的干涉与妨碍，而并不能阻止他人对他人的物加以支配一样。

再次，基于权利客体和权利内容的不同，物名权的变动也与物权变动有所不同。例如，物名冠名权的交易，对于一般物名，既不需要也不可能像转让动产那样"交付"物名，也不需要像转让不动产那样办理登记以使所有权发生转移，而是需要所有权人将冠名权人的名号冠于物名通名之前形成冠名，设置为物名的正式名称，并在日常使用物时显示该冠名。即便一些特殊的物名冠名，如船名、列车名、地名等，需要办理新物名变更登记的，该登记也只是一种行政管理性质，而非像不动产转让登记那样同时具有权属登记的性质，尽管登记、公告本身在事实上强化了广而告之的冠名效果。此外，物权实行法定原则，物权的种类和各种物权的基本内容均由法律规定，当事人之间不得以约定或其他方式创设物权；物名权尚不属于法定的物权种类，物权法对其内容也未规定，除了某些公用物物名（如地名）的设定、变更依照公法需要办理一定的行政审批和登记手续外，一般物的物名设定、变更、处分基本上处于一种自生自发的自治秩序。

总之，物名权与物权是有明显区别的，其在客体上具有符号性及对实体物的依附性，在权利内容上具有支配权和绝对权的性质，在变动规则上也有所不同。既有的物权观念和物权规范未能将其涵盖，盖因在漫长的人类社会历史中，物一直是极为重要的生活资源，因此物权法面向社会生活实践，围绕物的生产、交换、分配和消费设计、建构了一整套完善的规则制度，而这一切均是针对物之实体展开的，未顾及物之名号，从而形成一种典型的"唯物主义"法律取向。相比之下，物名则一直扮演着物之"婢女"的边缘角色，属于似乎可有可无的虚拟符号，鲜能纳入物权法的规整范围，甚至尚未跃入物权法理的研究视野，直至自生自发秩序下冠名权包括物名现象的兴起，我们才发现原来物还蕴藏着如此丰富的符号资

---

① 为防止知名物名如楼盘名称或建筑物名称被重名的问题，与本书视角不同，既有研究多从知识产权或反不正当竞争的角度提出对策，如张小桃：《论楼盘名称的法律保护》，载《知识产权》2003 年第 2 期。

源有待开发和利用,也有待规范和调整。

**(二) 物名权与物权之联系**

尽管物名权与传统的实体物权存在种种差异,但这并不否认二者之间存在不可割舍的内在联系。物是物名形成的前提,物权也是物名权存在的基础。没有物就不会产生与此相应的物名,物名是物的总体或部分特征在人们主观意识中的抽象和反映,而非漫无根据的符号标签。如国家体育场状似“鸟巢”,故又称“鸟巢”;埃菲尔铁塔则得名于设计它的著名工程师居斯塔夫·埃菲尔。有些物灭失后其物名还会在一定时期内流传,或以变异物名的形式出现,如美国纽约世贸大厦遗址;有些物名是虚构的,在现实生活中并无相应的实物与之对应,但其形成基础常常是现实生活中其他物的形象,如中国神话传说的“龙”常被描绘为一种虎须鬣尾、蛇身蜥腿、鹿角鹰爪、鱼鳞额珠、能飞能走能入水又能吞云吐雾、兴风降雨的神异动物。从语言符号学的角度观察,物的命名,与其他专名一样,同样受到语言符号的任意性与理据性双重特质的影响。著名语言学家索绪尔认为“所指和能指的联系是任意的,或者,因为我们所说的符号是指能指和所指相连结所产生的整体,我们可以更简单地说,语言符号是任意的”①,但是,这种任意性也是相对的,总是受到某种特定规则的制约,因而具有理据性的一面,“理据性以任意性为生存条件,任意性又受到理据性的有力制约,二者的互动关系决定了它们共同成为语言符号的同等重要的、辨证统一的自组织原则”②。因此,尽管物名是相对独立于物本身的主观概念,但其一般由专名和通名构成,专名体现物的特点或者方位,通名则表明物的种属,二者之间的组合虽具有一定的任意性,但物名通常是人们根据该物的产权归属、外观特征、地理位置、历史文化乃至时政舆情等各种因素所形成的一种综合性的主观概念。③有的物名兼具商标或地理标记的性质,这主要体现在产品等种类物的物名上,如“歼-20 隐形战斗机”“龙井茶”“狗不理包子”等。上述各类物名尽管物体不同,名称各异,但总体上仍

① [瑞士]索绪尔著,高名凯译:《普通语言学教程》,商务印书馆 2001 年版,第 102 页。

② 林艳:《任意性和理据性都是语言的本质属性》,载《语言与翻译》2006 年第 1 期。

③ 如“天宫一号目标飞行器”,因其系空间交会对接试验中的被动目标,故其通名为“目标飞行器”,“天宫”则寄予了以现代科技实现我国古代神话传说中天庭圣地的美好愿景,“天宫”又与我国载人航天飞船“神舟”、绕月卫星“嫦娥”等共同组成具有我国民族特色的航天符号,且“天宫”也寓意希望宇航员们在太空中生活的地方能与宫殿一样舒适,又因其系我国发射的第一个目标飞行器的名称,故其专名为“天宫一号”。参见中国广播网讯:《我国首个空间实验室为何命名为“天宫”》,载腾讯网:http://news.qq.com/a/20110418/000869.htm。

遵循名实相符的基本规则，体现了语言符号的任意性与理据性的双重制约。

不过，由于物的命名涉及因素复杂，既有环境因素，又有人为因素，现实生活中有时会出现物名与对象存在偏移乃至误导公众或者侵害他人权益的情形，因此需要对物名权的行使施以规制，这于私法与公法两个维度均有必要。在私法维度上，物名权人根据其意志对物命名并使用该物名，体现了对物的符号化支配，故可将物名权列为民事权利之一。但是，与其他民事权利一样，物名权的行使也应遵循公序良俗，不得滥用，比如狗的主人不能故意把狗唤作某邻居的姓名，否则就有侵害他人人格权之嫌。① 在公法维度上，物的命名和物名的使用，也是公民言论（表达）自由的一种特殊表现方式，而言论自由则是宪法保障的公民基本权利和自由之一。作为言论自由，物名同样也不能逾越言论自由的限度，应当受到一定的法律规制。比如，一些楼盘不规范命名，具有市场营销的商业意图，不适当地夸大宣传，则有商业欺诈之嫌。② 此外，一些建筑物的物名同时会被确定为标准地名，而地名在命名和冠名时要进行审批登记，确保其用语规范。同时，言论自由是一种重要的基本权利，“它只应当接受其可能造成的弊害所需要的最小限制，或者说，限制应与弊害相当”③，在限制对象和限制手段上应当格外审慎。④ 就物名而言，一般的物名只要未明显违背公序良俗，应予以必要的尊重和容忍，相比较而言，商业言论性质的物名就应予以必要规制。在美国，法院和法学界日益抛弃了对美国宪法第一修正案的泛政治化解读，商业言论逐渐获得与其他言论同样的第一修正案保护，但同时由于商业言论与非商业言论的区别，美国法院在对商业言论保护时更强调的是消费者从商业言论中获取商业信

---

① 在现实生活中，因此而产生的纠纷屡有发生，参见奚春根：《泄私愤给狗起人名，辱他人被拘没商量》，载《民主与法制》2002 年第 12 期；阮继文：《给狗儿取个邻居名频吆喝侵权上法庭》，载江西新闻网：http://jiangxi.jxnews.com.cn/system/2002/03/21/000120960.shtml；吴蔚：《狗名似人名，狗死主人伤》，载华商网：http://hsb.hsw.cn/gb/newsdzb/2003-06/22/content_323304.htm。

② 相关报道可参见卞臻颖、陈廷雯：《楼盘名称的几个怪现象，不少楼盘“夸夸其名”》，载《新闻晨报》2003 年 9 月 6 日；刘建、沈亮：《楼盘“字号”命名亟待规范》，载《法制日报》2004 年 11 月 16 日。对于上述现象，实际上一些地方管理部门业已发布了相关规定，如《上海市高层建筑、住宅区及其它建筑物名称管理规定》和《广东省建筑物住宅区名称管理规定》等。

③ 侯健：《言论自由及其限度》，载《北大法律评论》（第三卷第 2 辑），北京大学出版社 2000 年版，第 112 页。

④ 类似地，在姓名权方面，也存在着公民的姓名决定权（或表达自由）与公权力管控之间的冲突与协调，典型者如赵 C 诉江西省鹰潭市公安局月湖区分局姓名权行政纠纷案，参见王劭晗：《赵 C 的姓名权之争》，载《政府法制》2009 年第 10 期。

息的权利,因此特别注意商业言论是否欺诈和误导公众。[1]

反之,物名、物名权对于物、物权也具有重要意义。物名的基本功能就在于通过赋予某物一定的符号,使得人们更加便利地将此物与彼物分开,进而更为有效地对其加以利用,实现物的效用,发挥物权的效力。虽然在物权法上并未要求权利人对其支配之物必须取名,但对于大多数物而言,权利人除了占有该物之外,往往还要设定一个物名以便在事实上宣示其对物的命名权,如楼名、船名等。有些物正是因其物名才具有实际意义,如墓碑、纪念碑。有些公用物还必须设定物名,如道路、桥梁经批准登记后即成为标准地名、法定地名,显然,这种意义上的物名融入了公权管制的意味,但通常情况下物之命名,主要地体现了物权人对物名的支配,在一定意义上也是其言论自由的一种特殊表现。有些物名看起来并无特殊含义,"几乎没人喜欢住在一条名为 198457 的大街边上,因为这个地址毫无个性和意趣"[2],即便如此,这类物名也以数字序号的方式构成了一个特定的物名,对于指示物的方位、明确物权范围具有实际意义,是物权公示的一种技术手段。

相应地,物名权作为一种符号物权,是对实体物权的补充和发展,是对物权结构的丰富和完善。权利人对某物拥有所有权,也就意味着其对物拥有一种整体的支配力。从财产利用的发展趋势来看,"毫无争议的是,在财产法制度中,'抽象成分'在日益增大。这一运动的目的在于突出价值作为'共同基础(共同分母)'的重要地位"[3]。实体财产本身对于整个财产价值无疑具有基础性意义,但是实体财产的开发和利用毕竟也有其局限之处,而突破这种实体局限或者延伸财产价值空间的渠道,可能有多种形式,首要关注的,是借着债权的管道对所有权本身的权利形态进行转换与迭变,由此设计出各类用益物权和担保物权,乃至新的物权形态,并使这些作为权利的"抽象成分"法定化,力图使物的价值得到最大程度的法律开发,这也是整个物权法制向来关注的重心所在,而其中忽略的,则是附着于实体物权的符号物权。随着物名这种符号形式的"抽象成分"逐渐凸

---

① 邱小平著:《表达自由——美国宪法第一修正案研究》,北京大学出版社 2005 年版,第 317,326 页。

② Ann Bartow, *Trademarks of Privilege*: *Naming Rights and the Physical Public Domain*, 40 U. C. Davis L. Rev. 919.

③ [法]弗朗索瓦·泰雷、菲利普·森勒尔著,罗结珍译:《法国财产法》,中国法制出版社 2008 年版,第 80 页。

显，有必要提出物名权这种新的权利类型，从而使符号物权与实体物权相得益彰，提升物权的综合价值和功能。此外，物名权的主体与物权的主体既有合一，也有偏移，这就涉及物名权的种类或具体样态问题。

## 三、物名权的样态——兼论物名自冠名权与他冠名权

在物权法上，以权利人对标的物的支配范围为标准可以将物权分为所有权与定限物权。前者又称完全物权、自物权，对物享有最全面的支配权；而后者又称他物权，只能在一定范围内对他人所有的物进行支配和控制，包括用益物权和担保物权。这一分类构建了物权立法的基本框架。比照这一分类，我们不妨也将物名权先分为“物名所有权”和“定限物名权”（具体包括“用益物名权”和“担保物名权”），并以此为分析框架，通过对它们的逐一剖析以明辨其具体内容和确切性质，从而进一步深化对物名权具体样态的认识。①

### （一）物名所有权

根据我国《物权法》的规定，所有权人对自己的不动产或者动产依法享有占有、使用、收益和处分的权利，所有权人有权在自己的不动产或者动产上设立用益物权和担保物权。同时所有权还具有排除他人不正当干涉的消极权能。② 比附所有权的各项权能，可对“物名所有权”作如下解读：物名所有权体现了所有权人对物名的全面支配权，其中为物命名体现了所有权人对物的符号性占有，而命名可以有多种方式，其中一种是以所有权人的姓名、名称、商标等作为专名冠于该物的通名之前，是为冠名，如电信公司的“电信大厦”。这种情况下的冠名权是物名所有权中命名权的一种，当然也可以以他人的名号为之冠名，亦即其他主体取得物名冠名权。比照“自物权”与“他物权”的称谓，前者可称“自冠名权”，后者可称“他冠名权”。物名也是对物的一种符号化的使用，利用物名指代物之实体，区分此物与彼物，便利了对物的使用，同时，利用物之冠名作广告宣传，也是对物名的使用。物名所有权人出让物之冠名权，冠主因此而获他冠名权，物主因此而

---

① 当然，我们也可比照物权的其他分类标准对物名权进行划分，如比照动产物权和不动产物权分为动产物名权和不动产物名权，比照主物权与从物权分为主物名权和从物名权，等等，但依重要程度本书仅比照所有权、用益物权和担保物权的分类对物名权的具体权利样态展开论述，在论述中兼及其他分类而成的物名权类型。同时，考虑到以下所论的“用益物名权”和“担保物名权”仅为概念推演，实际上难以确立为独立的物名权类型，故本部分之标题采用“物名权的样态”这一相对模糊的用语，而未采用物权的“类型”或“种类”这样的表述。

② 参见《中华人民共和国物权法》第 39 条和第 40 条。

获冠名费,类似于出租房屋获得租金而收益之。对物名的变更或废弃是对物名的处分。除此之外,物名权人亦得有权排除他人对物名利用的非法干涉,亦即具有物名权请求权,如媒体将自己的物名误称为其他物名,应认为有权请求其更正。物名请求权也可能与物权请求权产生竞合,如请求他人移除遮挡自家门店店名匾额前的障碍物,此际应认为二者并行不悖。

由此可见,物名所有权与物体所有权虽然客体有别,但在具体内容上具有较强的可通约性,因此不妨将这两个不同的权项与占有、使用、收益、处分等四类积极权能和排除他人干涉的消极权能(物权请求权)交错组合为新的权利形态,从而形成符号所有权与实体所有权和而不同、相辅相成的新所有权结构体系(见表1)。

表1 新所有权体系概观

| 权　　项 | 积极权能 | 消极权能 |
|---|---|---|
| 物体所有权 | 占有权、使用权、收益权、处分权 | 物权请求权 |
| 物名所有权 | 占有权、使用权、收益权、处分权 | 物名权请求权 |

物权法理一般认为,所有权具有全面支配性、整体性、弹力性、恒久性和社会性等诸种特性。[①] 准此以观,物名所有权实际上也具备上述特质。物名所有权的全面支配性和整体性体现在权利人对于物名享有全面的占有、使用、收益和处分的权利。弹力性则是物名所有权的部分权能可以通过债权或其他方式与作为整体的物名所有权发生一定期限和部分的分离(主要体现为物被他人冠名),使得物名所有权的全面支配权能受到一定限制,而一旦此种限制消失,物名所有权仍恢复其圆满支配状态。恒久性表明权利人对其物名所有权享有与其物之所有权同样的非期限性。社会性则是指物的命名不仅源于权利人对物的命名支配与言论自由,而且还受一定的社会制约,尤其是公用物物名的设定、变更和废止,此点上文已作阐述。

从物名权的内容和特质可以看出,从物名权推出物名所有权,在逻辑上是妥切的,在理论上是必要的,同时也是具有现实意义的,它无非反映了权利人对其所有之物的物名享有全面的支配权。尽管如此,也不应忽视物名相对于物体而言具有明显的依赖性,使得物名所有权必须依托物的所有权而存在。在物权法

① 江平主编:《物权法教程》,中国政法大学出版社2007年版,第106-107页。

理上,"所有权是对物的全面性支配权"①,享有某物之所有权,也就意味着依法享有对该物的全面支配,亦即"法律首先允许所有权人随意使用其物。它不是列举式地赋予个别权能,而是对物上所有权能能够想象的使用途径赋予全面的总体许可"②。这种对物的全面支配与总体许可不仅涵盖物之实体,亦应涵盖物之名号,故在物之上不仅成立物体所有权,亦应成立物名所有权。从这个意义上来讲,物名所有权不能脱离实体物权而孤立存在,这正如自然人的姓名权不能脱离其物质型人格权(生命健康权、身体权)而孤立存在一般,是故,才出现了保护胎儿和死者的"人格利益"而非"人格权"的理论判断与立法规范。相应地,如果物已灭失,物权归于消灭,"皮之不存,毛将焉附",物名权的直接客体物名就失去了赖以存续的物质载体,则物名权也将随之消灭。即使物在灭失后尚有遗留物或演变物(如唐大明宫遗址),但其毕竟已非原物,而为新物,于此只可能确立新的物名权。因此,基于物名对实体物的依赖性,实体物是物名权的终极客体,物名所有权可以理解为所有权人对物进行占有、使用、收益和处分的一种特殊方式,物名所有权是实体物所有权中的固有权项,它不因是否恪守物权法定原则而受影响,质言之,即使不采用"物名所有权"这样的称谓,它也已然存在于所有权的权利束中。此外,物名的符号性而非实体性使其具有鲜明的独特性,随着物名价值的凸显,尤其是冠名权市场交易的激发,物名所有权的潜在权能得到了全面释放,呈现出样态丰富而又有机统一的权利内容,足以形成一个与实体物所有权并立的新物权类型。

**(二) 用益物名权**

我国《物权法》第 117 条规定,用益物权人对他人所有的不动产或者动产,依法享有占有、使用和收益的权利。以此推演,则"用益物名权"即为权利人对他人所有的不动产或者动产的物名所享有的占有、使用和收益的权利。我们前面谈到的"他冠名权",其所对应的实际上就是"用益物名权"。与用益物权的子权利类型多样不同,无论是不动产还是动产,其符号权利均为物名,因此也只可能成立"用益物名权"。从现实生活来看,对物名的用益方式主要是冠名,因而所谓"用益物名权"亦即"物名他冠名权"。

在物名冠名的运作方式上,从冠体来看,既有不动产冠名,如道路、桥梁、楼

---

① [日]近江幸治著,王茵译:《民法讲义Ⅱ》,北京大学出版社 2006 年版,第 4 页。
② [德]曼弗雷德·沃尔夫著,吴越、李大雪译:《物权法》,法律出版社 2002 年版,第 27 页。

宇、公园、林木等,也有动产冠名,如船舶(观光游艇居多)、列车等;在交易方式上,既有集中拍卖,也有个别洽商,涉及公共资源的物名冠名,如地名冠名,多采用公开拍卖方式;在冠名期限上,动产冠名一般较短,如列车冠名一般为 1～3 年,不动产冠名一般较长,如地名冠名多为 5～20 年。[①] 无论采用怎样的运作方式,物名他冠名权的取得都是依据交易双方签订的冠名合同。在法律性质上,冠名合同是一种广告传播合同[②],属于继续性合同,即"债之内容,非一次之给付可完结,而是继续的实现,其基本特色系时间因素(Zeitmoment),在债之履行上居于重要之地位,总给付之内容系於应为给付时间之长度"[③]。冠名合同与租赁合同均属固有继续性合同,而不同于继续性供给合同。由于冠名人只是在一定时段、以一定方式符号性地占有了冠体的名号,而未占有冠体本身,尽管他也可以自我宣传其冠名的事实,亦即对冠名权的实现具有一定程度的支配权,但这种支配权是极其有限的,更为持续有效的冠名广告效果有赖于被冠名方履行冠名合同债务,在被冠名物名上设置、显示、使用、宣传其冠名,可见冠名权人只能根据合同约定请求另一方实现其冠名权,而非像用益物权可以直接支配物一样支配物名,因此他冠名权实际上是一种合同债权、一种请求权,而与用益物权的支配权、绝对权性质相去甚远,故虽可在概念上比附用益物权推出"用益物名权",但由于其固有的请求权、相对权性质,因此不像"物名所有权"那样具有相对的独立性。此外,从冠名权所涉的实际案例亦不难看出,物名他冠名权的救济足以

① 如《重庆市公共构建筑物地名冠名权有偿使用暂行办法》第 14 条规定:"公共构建筑物地名冠名权有偿使用的周期至少为 5 年(含 5 年)以上,最长不超过 20 年。"

② 关于广告传播合同,我国《合同法》及《广告法》均未明定,我国澳门特区《商法典》规定其"系指当事人一方有义务容许他方使用其可供使用之物理空间或时间作广告用途,及作出为实现广告目的所需之技术活动,以取得回报之合同。"参见《澳门商法典》,中国政法大学出版社 1999 年版,第 735 条。作为一种特殊的广告传播合同,冠名合同实践中主要有两类,一是此处涉及的(写字楼、体育场馆等 )物名冠名合同,适用广告传播合同,另一种是(体育、娱乐等活动)赞助冠名合同,是《澳门商法典》第 747 条规定的广告赞助合同的一种,而广告赞助合同亦准用于广告传播合同的规范(《澳门商法典》第 748 条)。徐国栋教授主编之《绿色民法典草案》仿照前者于第 39 章广告合同中拟定了这两类合同。参见徐国栋主编:《绿色民法典草案》,社会科学文献出版社 2004 年版,第 648-649 页。在我国大陆,二者皆可按《广告法》相关规定并结合《合同法》综合适用。参见朱体正:《体育赞助冠名合同的法律适用》,载《天津体育学院学报》2008 年第 5 期。

③ 王泽鉴著:《债法原理(1)》,中国政法大学出版社 2001 年版,第 132 页。

用合同制度加以调处，而不必确立为一种新型的物名权类型加以保护。①

也有观点认为类似于体育场馆之类的冠名权是一种知识产权或无形财产权，但又难以将其确切定性。实际上，无论是知识产权还是内涵和外延更为模糊的无形财产权，受让方均在一定程度上取得了对交易对象的支配权，如可对授权使用作品进行转载、改编，或者是对授权使用的专利技术或商标进行利用等。而冠名权的实现和存续有赖于物的所有权人履行合同义务，设置和显示冠名，所谓"买得冠名权"，实质上是取得对被冠名方的合同请求权，买受方即物名他冠名权人本身缺乏对权利实现的可支配性，这与"买得专利使用权""买得股权"等仅是说法相似，权利机制却明显有别。把物名自冠名权乃至他冠名权当作无形财产权似也无可厚非，因为符号确是无形的，但这只是一种表象描述，而未具体分析冠名权的实际权利状态。此外，物名还存在商标权化的法律空间。在美国，体育场馆冠名较为普遍，冠名公司使用冠名权不但可以设立品牌警示，还可以通过申请获得服务商标权的方式来延伸这些标识的法律保护。如生产百威啤酒的安海斯-布希（Anheuser-Busch，简称 A-B 公司）冠名位于圣路易斯市的布希棒球场（Busch Stadium），其所登记注册的服务商标注明："'为休闲活动等提供体育和娱乐设施'，本商标为安海斯-布希公司所有。"②这种意义上的冠名权显然已非冠名合同中的债权意义，其间的法律关系依据商标法加以调整。③

需要注意的是，在实践中，出让冠名权的一方不仅有物名所有权人即物体所有权人，还有受托经营者或代理人。如在北京海龙公司冠名权索赔案中，被告北京公交广告公司系北京公交集团公司下属公交站牌冠名权的实际经营者。④ 类似地，2011 年梅赛德斯-奔驰（中国）公司与上海东方明珠国际交流有限公司签

---

① 相关纠纷可参见杨维松、李娟：《京口法院受理一起大厦冠名权纠纷》，载中国法院网：http://www.chinacourt.org/public/detail.php? id=124097；李建民：《南非世界杯主赛场冠名权纷争未平息，判决受质疑》，载搜狐网：http://sports.sohu.com/20100817/n274267716.shtml；郭晓明：《海龙冠名公交站牌计划落空状告广告公司》，载新浪网：http://tech.sina.com.cn/it/2006-11-02/07381215915.shtml。

② Christian Maximilian Voigt, *What's really in the Package of a Naming Rights Deal? Service Mark Rights and the Naming Rights of Professional Stadiums*. 11 J. Intel. Prop. L. 327. Spring (2004).

③ 即使未冠名，一些知名体育场馆（如"鸟巢"和"水立方"）也有必要申请注册商标，以免其知名物名权益被侵害，此点前文已述及。

④ 郭晓明：《海龙冠名公交站牌计划落空状告广告公司》，载新浪网：http://tech.sina.com.cn/it/2006-11-02/07381215915.shtml。

约获得了上海世博演艺中心的冠名权[①],冠名权出让方上海东方明珠国际交流有限公司系上海演艺中心(物名)的经营权人[②]。这种情况下他冠名权的法律性质仍是一种合同债权,只是冠名债务由实际经营权人履行。

除单一的物名冠名权交易外,在商业实践中还存在着物名冠名权与实体物权或者其他财产权益组合交易的情形。冠名权与实体物权混合交易的情形在写字楼交易市场较为常见。有的是买得整栋写字楼及其冠名权,这种情况下写字楼他冠名权已与写字楼本身所有权的权利主体合一,他冠名权演化为自冠名权。有的是购得部分写字楼以及整栋楼宇的冠名权,还有的是租得写字楼及整栋楼宇的冠名权[③],这两种情况下冠名人虽然占有了实体物,但并未取得整栋楼宇的支配权,因此只能对该楼宇拥有他冠名权。此外,也有冠名权与其他财产或财产性权益组合交易的情形,如将音乐喷泉冠名权与商业演出权一并出售[④],还有以冠名权及其他财产出资的情形。

**(三) 担保物名权**

类似地,我们也可比附担保物权推演出"担保物名权",既有的担保物权制度虽然主要以实体物及特定权利为客体,但物名作为冠名的基质,亦具有一定的交换价值,不无纳入担保标的之可能。首先,由于物名与物的不可分性,故在评估其担保物价值时,应同时考量物名冠名权的价值,以免低估担保物的综合价值。其次,若以单一的物名冠名权进行担保,就得遵循担保物权的规则,由于担保物权对于担保财产的范围有较为严格的限定,故以物名冠名权进行担保的可行性值得斟酌。

在抵押方面,虽然《物权法》大大扩张了担保标的的范围,尤其是其第 180 条第 1 款第 7 项预留了"法律、行政法规未禁止抵押的其他财产"这样的概括性规定,但抵押权标的通常以不动产、动产和已经权属登记的不动产上的用益物权及特许物权为限,不包括无法进行登记的权利。[⑤] 虽然冠名的地名、船名等部分物

---

① 储静伟:《奔驰文化中心 6 年冠名收入 6 亿》,载《东方早报》2012 年 1 月 11 日。

② 上海东方明珠(集团)股份有限公司的全资子公司上海东方明珠国际交流有限公司于 2008 年以 5 亿元人民币及世博演艺中心场馆每年 5%的营业收入的对价从上海世博演艺中心有限公司获取上海世博演艺中心场地 40 年的经营权。参见《上海东方明珠(集团)股份有限公司六届四次董事会会议公告》,载《上海证券报》2008 年 9 月 9 日。

③ 相关事例可参见《名企上演写字楼命名热,争抢写字楼冠名权》,载地产中国网:http://house.china.com.cn/commercial/view/293585.htm;吴华:《5.1 亿,恒生银行陆家嘴买楼》,载网易网:http://news.163.com/10/0521/09/676T0TB100014AED.html。

④ 张人杰、尹红磊:《冠名权+商演权,值 1000 万元吗?》,载《洛阳商报》2011 年 11 月 2 日第 7 版。

⑤ 王利明等著:《民法学》,法律出版社 2008 年版,第 385 页。

名也须由行政主管机关办理登记，但这纯粹属于行政管理性质，而非对冠名权的登记，因此无论是自冠名权还是他冠名权均难以纳入抵押权的标的。

在质押方面，在商业实践中确有担保公司愿意接受冠名权用以质押的例子①，但我国《物权法》对冠名权能否质押并未明定，其第 223 条第 1 款第 7 项要求可以质押的权利为“法律、行政法规规定可以抵押出质的其他财产权利”，因此若以冠名权为质押，其合法性尚待商榷。在合理性上，亦得明辨：若为自冠名权，因权利人对其具有完全的支配权，应可设定质押；若为他冠名权，则为合同债权，但冠名合同通常强调当事人的个性，尤其是冠名的妥当性，以及冠名期限的限制等，故除非被冠名人与冠名人之间有特别约定，同意他冠名权可以质押，应认为他冠名权原则上不宜质押，即便可以质押的，在他冠名权变卖后重新冠名，若被冠名物名为地名，亦得注意新冠名不得有违公序良俗。

在留置方面，须以占有实体物为前提，而物名只是一种符号，且被支配于物之所有权人（或经营权人），难就其实施占有，故也无法就其行使留置权。

可见，在现行法上难就单一的物名冠名权设定担保，但随着冠名权交易市场的逐渐成熟，尤其是物名冠名权价值评估的精确化，纯粹的物名冠名权质押有望为法律、行政法规所认可。

通过比照实体物权的类型框架展开上述分析可知，“物名所有权”是完全物名权、自物名权，已然现实地存在于实体物权之中，其内容丰富、特色鲜明，是一种独立的物名权类型。在现行法框架内，基于“物权法定主义之缓和化”之考量②，可通过扩张解释将其纳入物权所有权的范围，并待时机成熟时在物权法中加以规定。在物名所有权中，若以所有权人自己的名号为之冠名，为自冠名权，若将其出让给他人而得收益，则他人获他冠名权，此即“用益物名权”，其在本质上仍属于合同债权，得以合同制度调整。就物设定担保物权时，得评估物名冠名权之市值；就物名自冠名权设定质押，有待法律认可。但无论其具体样态如何，物名权与姓名权、名称权一样，确是一种客观存在的权利现象，形成与实体物权和而不同、相应而立的符号权利景观，丰富了物权类型，完善了物权结构。

在物名冠名权交易中，自冠名权与他冠名权此消彼长，物名所有权的权能受

---

① 参见某担保公司《反担保管理办法》第 49 条，载 http://www.danbao28.com/article/201104/2437_2.html。

② 谢在全：民法物权论（上），中国政法大学出版社 2011 年版，第 38 页。

到时间和空间的限制,他冠名权的效力得以显现。物名冠名权大放异彩,先声夺人,以至于遮蔽了其赖以衍生的基础性权利,导致物名权长期以来隐而不彰,默默无闻。可以说,没有认识和梳理物名权,就不能说彻底认识了物和物权的整体价值和功能。物名权不仅是物权结构的逻辑演绎,更是现实生活中客观存在的权利现象。市场经济深入发展,交易形态不断细化,物权法制也应与时俱进,巩故维新,在延续实体物权制度建设的同时,重视符号物权的建构与发展。

“法律学日趋技术化及概念化,除专业人员外,其他之人甚难参与其发展。只有在发展之后,此项成就在经济上或世事上发生显著的效果时,始会唤起大家的注意,但其所关心的,并不是它的基本构想,而是那些易于捉摸的前面景观。然而无论如何,法学家有权参加追求放诸四海皆准之真理的行列,法学家必须主张此种权利。”①本书关于物名权之论说不敢奢谈此种“法学上之发现”,但面对物名权及冠名权现象这类在现代经济生活中“易于捉摸的前面景观”,勉力表述其“基本构想”,并藉此“唤起大家的注意”。②

## 第二节　民事符号权利——兼论名实二元权利体系

### 一、符号的意义与类型

人类不仅生活在物质的世界中,也生活在符号的世界中。亚里士多德对人之本质的理解颇为经典,“人是逻各斯的动物(zoon logon echon)”。人与一般动物的重要区别之一在于,动物只能对某种信号作出条件反射,而人有自己的理性,有自己的逻各斯,人能够把这些“信号”改造成为有意义的“符号”,并可根据生活需要发明和运用之。“借助于语言,人类构建了一个超出于其生存环境的符

① Hans Dolle:《法学上之发现》,王泽鉴译,载王泽鉴著:《民法学说与判例研究(4)》,中国政法大学出版社 2005 年版,第 21 页。

② 实际上,如果物名权得以确认,不难预见,将确立起与实体物权并立的另一个物权元概念,也将需要更为细致的后续问题研究和规则设计。此外,本书基于物名权之于实体物权的强烈依附性和相对独立性,以实体物权既有理论框架为分析工具,以物名权与实体物权的比较为研究路线推进对物名权的认识,从而可能具有一定程度的“路径依赖”(path dependence),故本书并不排斥从其他研究视角对物名权进行多维考量的可能。

号世界，正是在这个世界中，人类获得了空前的自由。我们的种种文化形态，如宗教、艺术和科学等，就是符号功能的集中表现。"①

在这个意义上，德国著名哲学家恩斯特·卡西尔在其名著《人论》中旗帜鲜明地将人定义为"符号的动物"，"符号化的思维和符号化的行为是人类生活中最富于代表性的特征，并且人类文化的全部发展都依赖于这些条件"。② 这一定义与亚氏对人之本质的理解不无暗合之处，而海德格尔更将此种认识推向极致，在他看来，与其说人是一种语言（符号）动物，"毋宁说语言是存在之家，人居住其中而生存，同时看护存在真理"③。

"语言形塑真实，谁有语言，就有世界。谁可以称谓东西，就可以给予它意义，也因此控制它。"④人们出于对某种事物（包括自身）的意志支配，同时也是为了日常交流的需要，给自己取个名称，谓之"姓名"，同时也赋予周遭的万事万物一定的名称。"给予名称，是一种创造，是一种真实的创造。"④ 这种创造的意义，在于通过命名将外在事物内化为人类主观意义世界的一部分，是"把此物看作是意志活动的一个对象"⑤，显示出人类理性对外部世界实施的某种自主自在的能动与支配，是人之为万物主体的符号表征。

从符号学的角度观察，姓名以及各种事物的名号是符号中的一种重要类型，这类符号叫作意指符号，包括各类专名和术语，我们不妨总称之为名号。其他两类符号分别是结构符号（虚词）和中性符号。⑥ 意指符号的最大特点是其可以不依赖语言的线性组合结构而依赖于客观对象和情景就能表达某种特定意义，它所代表的对象是独一无二的事物，如人名、地名、厂名等，且常与对象同时出现。以专名以及与之相对应的通名为主要研究内容的名称研究，是语言、哲学、逻辑三大研究方向的融汇点，成为诸多理论的生长基石。现代西方哲学的中心是语

---

① 陈蓉霞：《人，符号的动物》，载《中华读书报》2000 年 12 月 13 日。

② [德]恩斯特·卡西尔著，甘阳译：《人论》，上海译文出版社 2004 年版，第 38 页。

③ [德]马丁·海德格尔著，陈嘉映、王庆节译：《存在与时间》，三联书店 2000 年版，第 402 页。

④ [德]考夫曼著，刘幸义译：《法律哲学》，法律出版社 2004 年版，第 171 页。

⑤ [德]康德著，沈叔平译：《法的形而上学原理》，商务印书馆 2005 年版，第 55 页。

⑥ 孟华：《词语的符号性及其命名理论》，载《解放军外语学院学报》1997 年第 2 期，又载王铭玉、宋尧编：《符号语言学》，上海外语教育出版社 2005 年版。应当指出，符号学上对符号的分类极为繁复，美国哲学家皮尔士（又译皮尔斯）曾根据不同标准划分出至少 59 049 种符号类型，其中最主要的是相似符号、标引符号、象征符号三分法。参见彭学龙著：《商标法的符号学分析》，法律出版社 2007 年版，第 39 页；[美]克尼利斯·瓦尔著，郝长墀译：《皮尔士》，中华书局 2003 年版，第 109 页。本书则是参照我国学者关于命名理论的一种语言符号分类方法所作的分析。

言问题,而20世纪初“语言哲学的转向”正是肇端于弗雷格、罗素及维特根斯坦对名称深入细致的研究。因此名称问题在语言学、语言哲学、逻辑哲学理论中都占有重要地位。① 在意指活动中,如果只有符号和意指对象,缺少作为第三项的意指根据,不能构成一个完整的意指活动过程,语言符号的意指总是通过人的意指活动发生的,并因此使得语言符号具有意义。② 而意指活动往往是现实世界的反映,植根于人们的社会生活,由此而成的意指符号反过来又极大地丰富了人们的生产生活,成为人类文明和社会文化的智慧结晶。

## 二、主客体名号权利及其类型

意指符号(名号)的重要意义使其成为人类社会中一种重要的生活资源,进而被纳入法律的调整视野。这种调整关系反映在民法上,名号可以作为一种权利客体,而且以其内在的类型化和逻辑结构,形成一个完整而独特的名号权利体系。在这一体系中,既有权利主体的名号权,也有权利客体的符号权,还有主体名号与客体名号结合而形成的复合型名号权。此处先对主体名号权和客体名号权及其具体类型进行阐述。

先来看主体名号权。权利主体的名号,具体包括自然人的姓名和法人及其他组织的名称,称为主体类名号,由此而立的姓名权和名称权已为民法学理和民事立法充分确认,属于人格权中的标表型具体人格权。言及标表型人格权,还包括肖像权。在民法学上,姓名权、名称权、肖像权之所以被认为属于标表型人格权,是因为姓名、肖像实际上都是一种符号,因而它们不同于名誉权、隐私权等精神性人格权,更不同于生命权、身体健康权等物质性人格权。③ 具体而言,姓名、名称属于文字符号,而肖像属于相似符号、图像符号,以此为客体的肖像权亦与姓名权、名称权有所区别。

再来看客体名号权。权利客体的名号主要有作为物权客体的物的名称、物的图像,以及作为知识产权客体的创造性智力成果及工商业标记的名称(包括作

① 朱志凯、邵强进:《略论语言哲学中的专名和通名——兼论罗素和克里普克的理论》,载《复旦学报》(社会科学版)1994年第6期。

② 翟丽霞、张彩霞:《皮尔斯的语言符号意指观》,载《外语学刊》2006年第5期。

③ 关于人格权之分类,可参见张俊浩主编:《民法学原理》,中国政法大学出版社2000年版,第139页。

品的名称或标题、专利的名称、商标的名称等)[①],因此而生的名号权可称之为客体类名号权。需要指出的是,客体类名号权迄今尚未引起人们的足够重视和系统研究,这类权利的称谓、形成、内容、性质等基本问题均缺乏必要的说明。个中原因,可能是人们潜意识地认为它们不过是附着于其本权(物权、知识产权)的边缘性权益,或者是包含于本权之中的应有内容,似乎并无专门研讨之必要。相比较而言,主体的名号因为具有彰显特定主体人格的重要功能,由此形成的姓名权、名称权被较早地纳入了权利整合的范围,在理论梳理和立法规范上已较为完备。实际上,客体类名号权本身具有不可忽视的价值意蕴,对其认识既需要从体系结构上加以整合,更需要分门别类,具体分析。

其中,因物名而形成的名号权可称之为物名权,因物像而生的名号权可称之为物像权。此二者均属于实体物权(物体权)所衍生的符号物权,但又依附于物体权,是对既有物体结构的丰富和完善。关于物名权,前节已有详述,此节不再复述。

在物权结构中,除了物体权和物名权外,还存在另外一种符号物权——物像权,即权利人对其所有之物的图像拥有占有、使用、收益和处分的权利。物像权的提出,是权利结构逻辑演绎的结果,也是司法实践中处理相关案件的需要。从逻辑上讲,在物权结构之外,自然人有其肖像而立肖像权,物也有物像,可成立物像权;在物权结构之中,物有物体、物名,分别成立物体权、物名权,物还有物像,也可以成立物像权。在实践中,某宠物犬主人同意某宠物杂志为宠物拍照后将照片刊登于杂志封面,但该图像被某宠物用品公司擅自用作其宠物洗涤用品的广告。宠物犬主人诉其支付有偿使用费,法院则认为我国法律并未规定动物肖像权,对其诉求不予支持。另有某运载火箭研究院的运载火箭升空图片被某汽车公司和某数码公司分别用作产品广告。前案法院一审判决认定,汽车公司的行为构成不正当竞争,判令其停止违法行为,并赔偿经济损失及合理支出共计9万元。此判决实有不妥,因火箭升空这一举世瞩目的特定图景与申请注册为商

① 人们逐渐认识到商标与作品、专利等智力成果存在显著差异,因而对知识产权的定义也在发生变化,从“人们就其智力创造的成果依法享有的专有权利”演进为“基于创造性智力成果和工商业标记依法产生的权利的统称”等类似表述。参见郑成思主编:《知识产权法教程》,法律出版社 1993 年版,第 1 页;刘春田主编:《知识产权法》,中国人民大学出版社 2002 年版,第 6 页;吴汉东主编:《知识产权法》,中国政法大学出版社 2004 年版,第 1 页;王迁著:《知识产权法教程》,中国人民大学出版社 2007 年版,第 4 页。

标的火箭图像文字明显不同。后案某数码公司广告中运载火箭的形象以发射实景形式出现，既非商标性使用，亦未造成相关公众混淆或误认，故对于某运载火箭研究院诉某数码公司侵犯其注册商标专用权的主张，法院不予支持。但某数码公司为了商业目的，未付出正当努力，却在广告中突出某运载火箭研究院代表性产品运载火箭形象，并与“航天品质”语配合使用，此种宣传自身产品的行为属于故意直接利用运载火箭研究院的经营成果，已构成不正当竞争，故要求其停止侵权、赔偿经济损失及合理支出。在这里，被告同样未侵犯原告的商标专用权，所以不正当竞争损害的原告的合法权益究竟为何？实际上，物像权在此已呼之欲出。因此，综合权利结构的逻辑演绎，基于物像权利保护的实践需要，有必要提出和厘清物像权这一新的物权类型，并将之纳入物权的整体结构，形成物体权、物名权和物像权三权合一，实体物权与符号物权相应而立的新物权结构体系。①

如前所论，在符号语言学理论上，除了上述专名术语类符号（名号）之外，还存在一种中性符号，中性符号的所指（Signified）并无独立意义，而体现出其在语言中的线性特征。② 在知识产权理论中，有学者在“批判无体（无形）财产说”“智力成果说”“知识产品说”“信息说”“信号说”“形式说”等既有学说的基础上，将知识产权的对象（客体）——作品、技术方案、商业标记——统一抽象为符号组合，以此作为知识产权体系化建构的基础③；更有学者以符号学为分析工具对商标和商标法进行了深入探究④。上述研究有力地拓展了知识产权的研究视野，是符号学方法在法学研究领域的具体应用。不过值得注意的是，从前述符号分类的角度而言，作为知识产权客体的作品、技术方案、商业标识等，实际上仅是中性符号的一个群类，且与人名、物名等意指符号不同。

除了我们熟悉的作品、专利、商标等中性符号之外，还需关注这类中性符号自身的名号，它们虽与知识产权的客体密切相关，但往往被作为知识产权的边缘问题，若从符号的视角来看，它们属于中性符号，属于本书所论的客体类名号，由此而立中性符号权。关于作品名称，一般认为，法律通常对于通用的或者一般性

---

① 朱体正：《物像权，另一种符号物权》，载《浙江社会科学》2014 年第 7 期。

② 孟华：《词语的符号性及其命名理论》，载《解放军外语学院学报》1997 年第 2 期。

③ 李琛：《知识产权体系论》，北京大学出版社 2005 年版，第 116 页。

④ Barton Beebe, *The Semiotic Analysis of Trademark Law*, 51 UCLA L. Rev. 621；彭学龙：《商标法基本范畴的符号学分析》，载《法学研究》2007 年第 1 期。

表示的作品名称不作保护，而对具有独创性的作品名称(标题)，则可通过著作权法、商标法以及反不正当竞争法等对其给予必要的保护。① 关于专利名称，由于其多为该专利所属技术领域的专业术语，且与特定的专利号相对应(如一种实用新型专利"高机动被动式越障机器人"，专利号为 ZL200420024715.2)，通常不会与其他专利名称或其他名称发生混淆，专利法亦未对其作明确的保护性规定，但如未经专利权人许可擅自采用该专利名称及其专利号，则构成对专利的假冒，应依法承担相应的法律责任。关于商标名称，其与作品名称、专利名称稍有不同，因为商标名称(文字)常常作为商标的一部分或其全部，故商标本身的"名号权"业已纳入商标权的保护范围，何况有的商标只有图形、字母或颜色组合，而无文字，自然无涉商标名称的名号权问题。

## 三、主客体复合名号权

在上述主体类名号权与客体类名号权之间，还存在因主体类名号权中的使用权能(或称利用权能)扩张至客体类名号而衍生出的第三类名号权，包括冠名权、冠姓权和署名权。

冠名是冠名人通过支付对价或因慈善捐赠等而获得的以其姓名、名称冠于他人所有或管理的对象化事物名号之前的行为和状态，如国内外多个城市均有道路被冠名为"海尔路"或"海尔大道"，新加坡管理大学"李嘉诚图书馆"和美国纽约"Citi Field"(花旗银行体育场)等亦属此列，类似现象还包括节目冠名、赛事冠名等。在这些冠名项目中，冠名人因之而享有的权利即为冠名权。② 此种权利虽尚未为民法及学理确认，但已然成为现代通用词汇，《现代汉语词典》词条"冠名权"注为："在某种事物前面加上自己名号的权利：一家知名企业取得本次赛事的～。"③冠名实际上是一种特殊的广告形式，应结合《广告法》和《合同法》加以调处。④ 在物名所有权中，若以所有权人自己的名号为之冠名，为自冠名权，若将其出让给他人而得收益，则他人获他冠名权，此即"用益物名权"，其在本质上仍属于合同债权，得以合同制度调整，其他冠名权与此同理。

---

① 郑友德、喻玲：《作品标题的知识产权保护》，载《现代法学》2003 年第 2 期。

② 韩长印主编：《商法教程》，高等教育出版社 2011 年版，第 62 页。

③ 中国社会科学院语言研究所词典编辑室编：《现代汉语词典》(第 5 版)，商务印书馆 2005 年版，第 506 页。

④ 朱体正：《体育赞助冠名合同的法律适用》，载《天津体育学院学报》2008 年第 5 期。

冠姓权则是父母对于未成年子女所享有的以其姓氏作为子女姓氏的民事权利,在权利位阶上,应归于父母对未成年子女所享有的亲权中的姓名决定权,其具有亲权性、准共有性和期限性等特质。在现实生活中,由于独生子女家庭日益普遍,有父母因子女姓氏发生争执甚至引发夫妻离婚的事情发生,而在夫妻离婚后抚养子女一方擅改子女姓氏进而导致离婚双方再起纠纷的案件也屡见不鲜,为解析此种争端,有必要明确父母对子女冠姓权的概念。[①] 虽然我国民法中并未明文规定冠姓权,但从《民法通则》第 18 条、《婚姻法》第 22 条以及《侵权责任法》第 2 条第 2 款等关于监护权/亲权的概括性规定以及民法典学者建议稿关于冠姓权内容的取向来看,足以认为父母对其未成年子女享有冠姓的权利。这也与大陆法系其他国家民法典中关于冠姓权的相关规定相一致。因此,父母对于未成年子女的冠姓权确是一项应然且实然的民事权利。冠姓权虽是父母对子女的命名权(取名权)中的一支,但却是权利束中最能体现代际传承的符号和纽带,且在现实生活中引发纠纷的也多是子女的冠姓问题,因而最值得重视和研究。[②]

署名权实际上包括作者对于作品的署名权、专利权人对于专利产品在专利文件中的署名权。[③] 通说一般认为,知识产权的内容具有财产权和人身权的双重属性,其中人身权是指基于智力成果创造人的特定身份依法享有的发表权、(作品)署名权、修改权、标明发明人及设计人权(专利署名权)等。这些权利与人身不可分离,不能转让、赠与和继承。[④] 但从根本上讲,知识产权中的所谓人身权(确切地说应当是人格权)与前文所论述的冠名权一样,也是权利主体将其固有姓名权权能在某种载体上的一种表现方式,并非独立于姓名权的人格权类型。质言之,知识产权是一种财产权,而非人格权与财产权的混合体。关于这一点,李琛博士曾经进行过深入批驳,即在逻辑上,人格权与财产权的根本区分在于人

---

① 朱体正:《论父母对未成年子女的冠姓权及其纷争解决方案》,载杨立新、刘德权主编:《亲属法新问题与新展望》,人民法院出版社 2009 年版,第 415 页。或参见本书第六章。

② 另外一个值得关注的问题是,如何协调父母为子女姓名取名权与行政主管机关姓名登记管理权之间的冲突。参见《赵 C 姓名权官司二审判决要求更改名字》,载新浪网:http://news.sina.com.cn/c/2009-02-26/235717296299.shtml;《济南北雁云依案开庭 被告称该名未登记不能起诉》,载齐鲁网:http://news.iqilu.com/shandong/yaowen/2010/0129/174100.html。

③ 我国《著作权法》第 10 条规定:"著作权包括下列人身权和财产权:……(二)署名权,即表明作者身份,在作品上署名的权利。"我国《专利法》第 17 条规定:"发明人或者设计人有在专利文件中写明自己是发明人或者设计人的权利。"笔者将二者统称为"署名权",如需区别,则可分别称之为"作品署名权"和"专利署名权"。

④ 彭万林主编:《民法学》,中国政法大学出版社 2002 年版,第 378 页。

格权的对象是必然的人格要素，具有专属性，不可与主体相分离，是否能够带来财产利益则属或然，而且智力成果的劳动形成过程虽然有智力的参与，但并不能证明对象本身就是人格要素，因而“人格财产一体性”的权利不可能存在，知识产权属于纯粹的财产权。在历史上，著作人格权渗入知识产权的偶然原因是，19世纪的哲学观与美学观认为“作品是人格之外化”，而对作品本质的此种诠释受到现代美学观的挑战，著作人格权制度面临双重危机：作为文化信仰，丧失了社会认同的基础；作为法律工具，对利益的调整缺乏有效性。因此，应当还原知识产权的财产权本性。① 此见解观点独特，分析深刻，直逼权利分类和权利定性的本质，甚值赞同。准此以观，那种将作品署名权和专利标记权作为独立人格权的观点便失去了基本的理论基础，相反，应当本着类似于处置物名权与物(体)权关系一样，将署名权视为知识产权作为一种财产权的衍生权利，虽然署名权归于知识产权的权利群下，但它们依然依附或寄生于主体对于作品或者专利所享有的财产权的本权利，至于署名可视为是权利人的姓名权权能在其所支配的知识产权对象上的行使方式之一，因而署名权、发表权、修改权、维护作品完整权等所谓的“人格权”只不过是这种财产权的支配方式而已，而不能成立独立的人格权，它们的客体都是智力成果本身。但是如前所论，署名毕竟是一种不同于知识产权对象本身的符号，有着相对的独立性，因此可以认为署名权是一种寄生于知识产权之实体权之上的符号权利，其直接客体是署名利益，间接客体或者说终极客体是知识产权对象本身。

冠名权、冠姓权和署名权这三种权利看起来性质和权能迥异，从符号权利的角度审视，却有一个突出的共同特点，它们都是主体的名号(姓氏、姓名、名称或其他标识)扩展至其他事物名号之上而形成的主客体符号名号权，因此可以归结为一类名号权。这里的“其他事物”，在冠名权上为物等各类冠体，在署名权上为作品或专利。以上这两类事物的名号，皆为客体类名号，而在冠姓权上则为未成年子女的名字，系其他主体之名号。此外，署名权在知识产权理论上和立法上皆有明确认可，而冠名权和冠姓权方始为学理探讨。

## 四、名实二元权利体系

综上，我们觉察到存在一种与实体权利相对应的符号权利体系。之所以称

① 李琛：《质疑知识产权之“人格财产一体性”》，载《中国社会科学》2004年第2期。

之为“权利体系”,意在表明这种权利并非个例,不局限于我们熟知的姓名权、名称权,而是一个分布广泛的权利群落,从主体自身的符号权利到客体之上的符号权利,再到主客体间扩展延伸的新型符号权利,乃至于被整合为知识产权的中性符号权利,都说明这一权利群落不仅种群多样,而且各种权利之间有明显的逻辑关联和类型区隔,足以形成一个与整个实体权利并立的符号权利体系。与此相对应,实体权利的客体是物或其他财产,以及人的给付行为,属于客观的物质或外在的行为,而非人的主观意识(符号)范畴。符号权利尤其是名号权利与实体权利的客体差异,导致这两大类权利集群在权利的性质、行使和保护方面存在诸多不同,也需要不同的制度设计。是故,从符号与实体的二元结构以及符号类型化的角度,可将民法中的权利体系作一新的析分,形成符号/实体二元权利体系,简称为“名实二元权利体系”(见表2)。

**表2 名实二元权利体系**

<table>
<tr><td colspan="2">二元权利</td><td>主体上之权</td><td>客体上之权</td><td>主客体复合权</td></tr>
<tr><td rowspan="2">符号权</td><td>意指符号权(名号权)</td><td>姓名权、名称权、肖像权①</td><td>物名权、物像权</td><td>冠名权、冠姓权</td></tr>
<tr><td>中性符号权</td><td></td><td>知识产权(署名权除外)</td><td>署名权</td></tr>
<tr><td colspan="2">实体权</td><td>人身权(姓名权、名称权、肖像权除外)②</td><td>物(体)权③、债权、社员权、继承权④</td><td></td></tr>
</table>

① 之所以将肖像权也列为意指符号权,理由有四:一是因为肖像作为人的视觉形象,是一种图示符号,与专名(文字符号)实际上同为意指符号;二是汉字等象形文字本身就是由图示符号演化而来的,与肖像这种图示符号同源;三是在冠名实践中,有的不仅用文字冠名,还同时附有冠名人的肖像;四是在民法学著述上即有学者将姓名权与肖像权同列为标记表彰型人格权而区别于其他精神性人格权,见张俊浩主编:《民法学原理》,中国政法大学出版社2000年版,第138-139页。不过,张俊浩先生明确反对法人具有人身权,认为法人名称权属于知识产权而非人格权。

② 人身权虽然其权利主客体融为一身,实际上同样存在着符号权利与实体权利的区分,这与名实二元权利体系的整体建构是一致的。

③ 此处即通常所理解的物权,即物之实体权,与物名权、物像权等符号物权相对应。

④ 关于社员权和继承权,通说认为此二者均为兼有财产权性质和非财产性质的综合性权利,但亦有学者认为,继承权虽以自然人特定身份为前提而享有,但其本身体现的仅为财产利益,而非身份利益,身份利益则系亲属权内容,且权利人享有该权利的目的也是要取得死者的遗产而非其身份。参见韩松著:《民法总论》,法律出版社2006年版,第77页。类似地,社员权体现的实际上也是侧重于财产利益,故将二者列为客体上之实体权利。

对表2有必要作以下说明。

首先，所谓名实二元权利体系中的“名”，在这里应泛指各类符号权利，并强调其中的名号权利。名与实是中国传统哲学中的一组重要范畴，所谓“名，实谓也”（公孙龙《指物论》）；而“符号/实体”在实践中也是一组较为常用的范畴①。这里用名实二元权利的统称，意在展示一种民事权利发展及其分野的新格局。

其次，本书采用“名号权”而不采用“名称权”或其他称谓来统称或简称各类意指符号权利，有如下考虑：第一，虽然我们在日常生活中也称这类专名符号为“名称”，正如《现代汉语词典》所注，“名称”为“事物的名字（也用于人的集体）”②，人的集体也可谓之“名称”（比如某个球队的名称），但是个人的名字我们通常称为“姓名”，进而形成姓名权，因而用“名称权”来统称各种专名类客体符号权有所不妥；第二，“名称权”在民法中已经成为一个约定俗成的法律概念，它通常指法人及其他组织的名称权，与自然人的姓名权同为主体类符号权，故不宜再用来指称客体类符号权利；第三，“名号”在《现代汉语词典》中解释为“名字或别号”③，其外延比名称更为宽泛。因此，我们不妨将这种专名类客体符号权称为“名号权”，包括因物名而生的物名权、因物像而生的物像权，而姓名权和名称权则属主体类符号权。

最后，上述基于符号学视角的权利整合，试图呈现如下理论价值：一是补充和凸显新的权利类型，包括客体类名号权——物名权、物像权、智力成果的名号权，以及主体类名号权于客体类名号权上之扩张——冠名权、冠姓权、署名权，使得民事权利类型更臻丰富、清晰与完善；二是从一个有别于既往权利分类模式的视角打量民事权利体系，梳理各类权利之间的相互关系，使符号权利与实体权利、意指符号权利与中性符号权利、主体上之权利与客体上之权利、衍生权利（冠名权、冠姓权、署名权）与本源权利（姓名权、名称权、物名权）等之间的逻辑关系得以呈现。由此，通过上述理论作业，形成符号权利与实体权利相辅相成、对立统一的二元权利体系格局，推进民事权利体系的发展与完善。

---

① 如《符号经济与实体经济——金融全球化时代的经济分析》，张晓晶著，上海三联书店、上海人民出版社2002年版。

② 中国社会科学院语言研究所词典编辑室编《现代汉语词典》，“名称”条，第953页。

③ 中国社会科学院语言研究所词典编辑室编《现代汉语词典》，“名号”条，第953页。

## 小 结

通过以物名权为样本的分析可以看出,在权利形态流变上,冠名权源于物名权等名号权的"蝶变",即名号权主体出让其所支配事物(包括其自身)名号的冠名机会,受让人因而取得一种特定的债权——冠名权。在这种意义上,冠名与其说是一种静态结果,毋宁说是一种动态过程,在这一过程中,冠名权人的姓名权、名称权的权能得于其他载体上得到拓展和释放。

符号权利尤其是名号权利与实体权利的客体差异导致这两大类权利集群在权利的性质、行使与保护方面存在诸多不同,也需要不同的制度设计。是故,从符号与实体的二元结构以及符号类型化的角度出发对民法中的权利体系作一新的析分,形成名实二元权利体系。

# 第四章
# 冠名权运作的合同机制

## 第一节　冠名合同的称谓与类型

### 一、冠名合同称谓辨析

冠名权就其基本性质而言，是一种债权，源于冠名权转让合同当事人之间的约定。由于在立法上和理论研究中均缺乏对这类合同的关注，而现实生活中又大量涌现此类合作事宜，因而需要对其中的法律问题展开研究，这不仅是前章冠名权债权性界说的展开和具化，也是因应冠名权运作实践的制度需求。

值得注意的是，我国《合同法》及其他法律中并无关于这类合同的明确规定，其他国家和地区的法律中也未见有此种合同，故这种合同是一种非典型合同（无名合同）。“名不正，则言不顺。”在研讨具体的合同问题之前，有必要先对这类合同的称谓加以辨析和澄清。在理论研究中，关于冠名权合同的称谓和定性有很多种。一种是直接称作“冠名权合同”。例如，有观点认为“冠名权合同，是指当事人双方约定一方转移其具有一定社会认知性事物的命名权于他方，他方命名后（原文如此，“后”字似属多余。——笔者注）并支付价款的合同”①。这种称谓

---

① 马昌骏：《试论冠名权合同法律关系兼评东部公司与申花俱乐部冠名权合同纠纷》，载《法律适用》2003年第11期。

也为研究体育法学的人士所继受,但有的被替换为"体育冠名合同"①,有的则直接称作"体育冠名权合同"②。另外,有的著述中虽然并未明言此类合同称谓,但从文中论述来看倾向于称之为"冠名权转让合同"。这些用语实际上也常常在冠名权运作实践中应用,如"体育赛事冠名赞助合同示范文本"③,又如"2007'多彩贵州'舞蹈大赛黔东南赛区暨黔东南原生态歌舞大赛组委会与时代房地产公司共同签订大赛总冠名权合同"④。

如此看来,实践中出现的冠名权类交易合同就有了四种称谓:冠名权合同、冠名合同、冠名权转让合同和冠名赞助合同。但它们所描述的是同一种合同类型,即冠名方与被冠名方之间达成的一方得请求另一方于其所支配的物或所经营管理的活动等事物的名称上冠以其姓名、名称等标识且对外显示,并向另一方支付相应价款的协议。对于其称谓如何确定,笔者认为应当考虑以下两个方面。

第一,无论是何种冠名权合作方式,均不宜称之为"冠名权合同",因为合同本系双方当事人权利义务之约定,在合同类型名称中突出一方的权利有所不妥,且《合同法》中的有名合同如委托合同、租赁合同、买卖合同,均是直接描述一种交易关系,而不是称作"委托权合同""租赁权合同""买受权合同"。

第二,即使采用"冠名权转让合同"也有不妥,因为这是一种容易产生歧义的用法,如果不加说明,就不知道到底是冠名合作本身的协议还是一方取得另一方的冠名权后又将其转让给第三人的协议,从字面意思理解,很容易让人以为是指后一种意思,这就与其欲表达的含义相去甚远了,因而不宜采纳。

综合以上情况,笔者倾向于直接称之为"冠名合同",即指双方当事人签订的,约定一方有权将自己的姓名、名称、商标等标识冠于另一方当事人所支配事物的名称之前并支付对价的合同类型。这一称谓既简明扼要,又恰当准确。同时,应当注意区分冠名合同与冠名权拍卖委托合同,后者主要用来约定冠名权出让方与受托拍卖公司之间达成的拍卖委托关系,可以适用《拍卖法》和《合同法》中的委托合同规则加以调整,它们是为冠名合同提供媒介服务的外围合同,不同于冠名合同本身。

---

① 邓椿霖:《论体育冠名合同的性质及法律保护》,载《北京体育大学学报》2005年第8期。

② 常娟、李艳翎:《体育冠名权合同性质的研究》,载《天津体育学院学报》2008年第1期。

③ 杨黎明、余宇著:《体育赛事合同》,法律出版社2007年版,第90页。

④ 金黔在线讯:《黔东南赛区举行冠名权签字仪式》,载贵州信息港:http://07wd.gz163.cn/wdds/dsxw/xwbd/121607.shtml(如无特别注明,本章参考网址的最后访问日期均为2013年11月8日)。

## 二、冠名合同的两大类型及其准用

冠名合同的同质性在于其特定的给付行为是冠名(作为动词意义),而非其他行为,故可将这类合同作为同一大类合同加以考察。但是必须注意,冠名合同是为了约束经济生活中冠名合作双方当事人的行为而产生的,由于冠名权交易尚属新的经济形态,故现行立法上尚未将冠名合同列为一种典型合同。实际上,由于这类合同基于被冠名事物的特性而有所分化(下节详论之),故难以统一规定为一种独立的典型合同类型,从这个意义上而言,冠名合同的非典型性似乎是致命性的,而非暂时性的。

"合同类比解释的首要任务就是确定系争合同的属性,并在合同定性的基础上,参照典型合同任意性规范对其作出合理的解释。"①冠名合同作为一种非典型合同,其最大的问题就在于如何纳入法律解决的基本框架,因循何种典型合同加以调处。原则上讲,对于非典型合同的法律适用,应依《合同法》第 124 条之规定,适用《合同法》中的总则性规定,并可参照分则或其他法律最相类似的规定,即判断非典型合同(系争事实)与典型合同规范之间是否存在某种近似性以判断前者能否适用典型合同规范。此因典型合同具有类型上的开放性、认知性以及规范上的合理性等诸项品质,足堪非典型合同类比适用。② 具体而言,尽管各类冠名合同均以冠名权的实现为要义,但在实践运作中由于被冠名事物性质有异,还需要结合具体情形予以细化和整理。对本书第一章所陈各类冠名权现象进行总体分析可知③,实践中的冠名权运作主要有两大类型:第一种是商业性冠名,这种冠名又可分为两类,一类是体育赛事以及其他各种公共活动的冠名,一类是道路、桥梁等公用物的冠名,它们均有鲜明的商业交易特点,遵循等价交换的市场规律,在合同性质上均可准用广告传播合同;第二种是非商业性冠名,主要指在教育、卫生、文艺等公益事业领域开展的捐赠冠名,这类冠名合同虽然也有隐性广告的特征,但在基本性质上还应定位于附负担(义务)赠与合同。以下分别详析之。

---

① 顾祝轩著:《合同本体解释论——认知科学视野下的私法类型思维》,法律出版社 2008 年版,第 211 页。

② 同上,第 208-210 页。

③ 参见本书第一章第二节第二小节"冠名权分类之说明"。

# 第二节 赞助冠名合同

## 一、赞助冠名合同的含义与特点

根据国际商会 2003 年修订颁布的《ICC 赞助国际准则》的定义,赞助(sponsorship)是指“由赞助方与被赞助方订立的互利协议,约定一方向另一方提供资金或其他形式的支持,从而使其形象、品牌或产品与被赞助项目之间建立联系,并通过推介这种联系可以获得直接或间接的利益”。① 在我国,尚未制定专门的商业赞助法,只在某些领域有部分规定,如 1989 年 6 月 12 日国家体委令第 2 号《关于国家体委各直属企事业单位、单项体育协会通过体育广告、社会赞助所得的资金、物品管理暂行规定》中规定,“体育赞助是指国内外社会团体、企业单位及知名人士自愿为办竞赛、办运动队或以奖励等形式给予的赞助”。赞助冠名合同中所讲的“赞助”,专指商业赞助(commercial sponsorship),而不包括慈善捐助(charity donations)、庇助(patronage),也有别于常规的商业广告。

庇助是由个人或者组织提供的资金或者支持、鼓励、特权等,它也指由官方或宗教领导机构授予的权利,消费者群体对生意的惠顾,或者是对圣人(saits)的守护。在一些国家该词用以描述国家资源被滥用而给特定集团、家庭、宗族带来好处并换取选举支持,这种形式的襄助已经偏离了其固有含义。该词来源于拉丁语“atronatus”,是庇主(Patronus)与其门客(Clients)之间的关系。西方社会文化背景中的“patronage”极其近似于“sponsorship”,都是一种资助,但前者更偏向于宗教特权、政治支持或者顾客捧场,带有非正式规则的意味,而后者则具有比较明确的商业规则。②

赞助与常规的广告形式主要有以下区别:前者属软广告,沟通方式比较委婉,后者属硬广告,沟通方式比较直截了当;前者的自由度与主动性较后者小,传

---

① *ICC International Code on Sponsorship*, Available at: http://www.iccwbo.org (last visit May 20, 2013). 该准则的中文版详见本书附录一,由笔者所译,供国内相关立法及冠名权操作各方参考。

② “Patronage”, available at http://en.wikipedia.org/wiki/Patronage; *Black's Law Dictionanry* (7th edtion), West Group, 1999, p. 1149. 笔者从其词源出发暂且将其译为“庇助”,以有别于“赞助”(sponsorship)。

递信息量有限;前者的层次较高,许多活动往往是先取得赞助权再取得相应的广告机会;前者人气较旺,受众较广。[①]

有研究[②]认为,赞助合同是赞助商与被赞助公益机构、从事公益的组织或个人之间签订的以实施赞助活动和商业推广为内容的协议,它除具有一般民事合同的特征外,还具有以下四个特点:①目的特定。赞助合同以公益性和商业性为目的,双方以赞助活动、事件为平台,有一个期待的收益,是社会效益与个人效益的结合。②主体特定。被赞助一方必须为公益组织,从事公益活动的组织、团体或个人。③标的特定。标的为围绕"活动、事件或人群"的商业性权利(交换权),即一方获得金钱或物质,另一方获得冠名、标识、广告、专利或促销等品牌推广权。④救济特定。违反赞助合同并不导致直接的经济损失,但这并不排斥违约方承担支付违约金和赔偿金的责任。

上述观点有一定道理,冠名赞助合同在一定意义上也具备这些特征,不过需要注意的是,上述论断试图将具有商业性质的赞助合同与慈善性质的捐助合同混为一谈,从而对于冠名合同的界说也将产生不良影响。

笔者认为:第一,关于赞助合同的目的,应当认为以商业性为主,以公益性为辅,只有这样才能将其与捐赠类冠名合同区分开来,前者属于有偿合同,后者属于无偿合同,其冠名只是一种被捐助冠名方应当履行的附随义务而非合同的对价。赞助虽然也投身于公益领域,但它具有较为鲜明的营利性特征,它不仅是一种捐赠,更是一种投资,正如《南非赞助办法》在其立法背景介绍中所表述的那样,"像所有的投资一样,一个潜在的赞助投资也要求获得一定的市场回报,这样才能说明赞助物有所值。公司投资赞助需要考虑四个方面的利益相关者:员工、客户、股东和社区。论证公司赞助的开销与最终受益之比是最为基本的"[③]。赞助的营利性特点,决定了其不应适用于《公益捐赠法》。第二,关于冠名合同的主体,认为合同主体特定是不太恰当的,实际上大量发生的赞助活动既有公益性质,也有商业性质,或者说二者兼具。第三,赞助合同中赞助商权益包括冠名权益的实现主要是在受赞助项目、活动举行期间,而且随着活动的内容和进程显示冠名等广告机会。充分注意冠名赞助合同的上述特征有助于更好地把握这类合

---

① 蔡俊五、杨越著:《奥运赞助谋略》,经济管理出版社 2004 年版,第 47-48 页。

② 王继远:《赞助合同研究》,载《求索》2008 年第 1 期。

③ *ASA(Advertising Standard Authority) Sponsorship Code*, Available at :http://www.asasa.org.za/Default.aspx? mnu_id=87(last visit May 20, 2013).

同的运作规则。

## 二、赞助冠名合同的类型准用

赞助冠名近似于广告传播,又因为这种冠名的基础往往是冠主向冠体主办者或经营者提供赞助,因而这类合同可以称为"冠名赞助合同"。实际上,冠名赞助合同是广告赞助合同的一种特殊形式(冠名被业界视为是一种顶级广告赞助形式),或者广告赞助合同中融入了相关的冠名权条款。对于赞助冠名合同(广告赞助合同),笔者认为可准用广告传播合同规则加以调整,后者虽然在我国大陆地区《合同法》等法律中并未作为一种典型合同加以调整,但在《广告法》中则有相应规定,该法第 20 条明确规定:"广告主、广告经营者、广告发布者之间在广告活动中应当依法订立书面合同,明确各方的权利和义务。"我国澳门地区《商法典》第 10 编第 4 章专章(共计 2 条)明确规定有赞助合同:"第 747 条(概念)广告赞助合同系指被赞助人有义务在广告上与赞助人合作,作为对其进行之体育、慈善、文化、科学或其他活动之资助之回报之合同。第 748 条(准用)广告传播合同之规范,经必要配合后,适用于广告赞助合同。"① 上述立法例为徐国栋教授主编的《绿色民法典草案》所借鉴,该草案于第 8 分编债法分则之第 39 章广告合同之下第 4 节专节共 2 个条款规定了"广告赞助合同":"第 1106 条[定义] 广告赞助合同是被赞助人以广告宣传回报赞助人在体育、慈善、文化、科教或其他活动上提供的资助的合同。第 1107 条[准用条款] 本章第二节关于广告传播合同的规范准用于广告赞助合同。"②

由是观之,对于赞助冠名合同的相关问题可以类比广告传播合同的相关规则并参酌《合同法》总则的内容加以调整。从实际运作情况来看,赞助冠名实际上就是一种隐性的广告形式,因此按照广告传播合同来处理也是名至实归的。不过,对于是否将广告传播合同纳入我国以后的《民法典》或者是现行《合同法》中而成为一种典型合同,笔者认为并无必要效法澳门地区《商法典》,因为既然在《广告法》中对该类合同有所规定,则无必要造成立法的重复和法律适用的繁复。即在实施无名合同向典型合同转化时,应当考虑到无名合同与既存的其他法律

---

① 中国政法大学澳门研究中心:《澳门商法典》,中国政法大学出版社 1999 年版,第 747,748 条。

② 徐国栋主编:《绿色民法典草案》,社会科学文献出版社 2004 年版,第 649 页。

的关系，以免引起不必要的法律体系上的混乱。①

此外，对于这类合同，有学者认为它属于“具有物权效力的名称许可使用合同”②，或者认为体育冠名合同属于“唯一授权许可合同”③，或者认为它属于“广义的授权许可（license）”，并认为在赞助冠名中存在两种相互性的许可：一种是一般授权许可，即被冠名方将其“商事人格权”（赛事标志等，笔者注）许可给冠名方有偿使用，以获得广告效应；另一种就是冠名方将自己的名称、商号“授权许可”给被冠名方使用，但这种授权许可不但不能向对方收取许可费，反而要向对方付费④。这一观点受到了“商事人格权”观点的影响，即冠名权也是一种商事人格权，属于赞助用名合同法律关系，而“赞助用名（即冠名，笔者注）法律关系在性质上具有双重性，一方面，它具有授权许可合同的性质，另一方面，它又具有赠与合同的性质” ⑤。笔者不否认在实践中的确存在将这两种运作方式综合为用的情况，比如在中国奥委会发布的《2008 奥运赞助计划》中对于赞助商的权益回报就包括：“使用北京奥组委和/或中国奥委会的徽记和称谓进行广告和市场营销活动；享有特定产品/服务类别的排他权利；……享有赞助文化活动及火炬接力等主题活动的优先选择权；……根据对奥林匹克运动和北京奥运会贡献的价值不同，合作伙伴、赞助商和供应商享有不同的权益回报。”可以看出，其中的赞助权益是综合性和多层次的，包括奥运标志的授权许可、赞助商的标志显示（广义的冠名）等多种形式。

按照上述论述，似乎意味着冠名赞助合同可以按照授权许可合同加以处理，实则不然，理由如下：第一，在我国《合同法》及其他法律法规中并未专门规定授权许可合同，该种合同也是非典型合同，不具备可资准用的规格。虽然在《特许经营条例》中对于特许经营合同的形式和内容均有明确规定，但冠名合同中的授权许可冠名人的名号、形象毕竟不是以商业经营为基础，而是冠名人向对方支付价款并请求对方于其赛事名称或其他位置显示自己的公司名称或商标，不是授权对方用于为冠名人作广告传播之外的其他商业经营用途。第二，所谓冠名权

① 顾祝轩著：《合同本体解释论》，法律出版社 2008 年版，第 230 页。

② 常娟、李艳翎：《体育冠名权合同性质的研究》，载《天津体育学院学报》2008 年第 1 期。

③ 邓椿霖：《论体育冠名合同的性质及法律保护》，载《北京体育大学学报》2005 年第 8 期。

④ 沈志先、符望：《冠名权转让中的法律问题》，载《复旦民商法学评论》（总第三集），法律出版社 2005 年版，第 59 页。

⑤ 程合红著：《商事人格权论》，中国人民大学出版社 2002 年版，第 186-187 页。

人“授权许可”对方使用其名号,那么看起来像是一种权利行使行为,实质上不过是一种以诚实信用原则为依据,根据合同的性质、目的和交易习惯而必须向对方提供的附随义务。[①] 试想:如果冠名人不允许对方使用其名号,那么所谓冠名广告怎能实现?这点从《澳门商法典》第729条的规定可以更为明确地看出其作为义务的本质,该条明确规定“广告企业主尤其有义务:a)作出为筹备及发布广告所必需之行为……”,此规定亦为《绿色民法典草案》第1090条所借鉴:“广告主尤其负有如下义务:1.支付约定的报酬;2.向广告商提供根据具体情况作为策划或发布广告所需的资料……”上述规定中的“必须之行为”和“所需的资料”理应包括提供冠名商所要冠名的确切名号(姓名、名称或商标等)。另外,在《绿色民法典草案》第2节“广告传播合同”中第1098条[债权人的义务]规定:“他方有义务在已编排之传播前的适当期间内向广告媒介的权利人交付构成广告的资料,以便复制。”[②]第三,笔者也注意到,我国《广告法》第25条规定:“广告主或者广告经营者在广告中使用他人名义、形象的,应当事先取得他人的书面同意;使用无民事行为能力人、限制民事行为能力人的名义、殊荣的,应当事先取得其监护人的书面同意。”该条强调的使用“他人的名义、形象”应当经其书面同意,确属理所当然,但这里并未涉及广告主必须“授权”广告经营者或者发布者在广告中使用自己名义、形象的问题,这也佐证了广告商提供自己名义、形象以便广告宣传应该是一种必要的协从义务,而非权利。当然,如果广告经营者、发布者在广告活动中违反合同的附随义务,滥用或者错用广告商的名义、形象的,自应承担违约责任或侵权责任,则属另一问题。

总之,尽管冠名赞助与授权许可在外观上比较相像,但二者在内在的法理机制上迥然有别,将冠名赞助法律关系混同于授权许可合同是不尽如人意的,而应当根据前文的分析将冠名赞助基本定性为广告传播合同,准用《广告法》中关于广告传播合同的相关规则并结合《合同法》总则加以调整。同时,笔者认为这类冠名合同与赠与合同也有很大区别,不应适用该种有名合同的规则加以调整,因为赠与合同是指赠与人将自己的财产无偿地给予受赠人、受赠人表示接受的合同,它以转移财产权利为主要内容,属于单务、无偿合同[③],而上述冠名合同显然

---

① 参见《中华人民共和国合同法》第60条第2款。

② 徐国栋主编:《绿色民法典草案》,社会科学文献出版社2004年版,第647-648页。

③ 魏振瀛主编:《民法》,北京大学出版社2000年版,第454-455页。

属于双务、有偿合同，体现出鲜明的商业交易意义，故不应将其与赠与合同混同，而应准用于广告传播合同。

此外，广播电视节目、平面媒体栏目这类冠名广告实际上与常规广告形式并无太大差异，因此可以直接适用广告传播合同。当然，为了维护公共利益，对这类冠名广告也应施以必要的法律规制（详见第五章第二节）。

## 三、赞助冠名合同的特殊问题

必须明确，赞助冠名合同虽然可以准用广告传播合同加以调整，但也只是准用而已，实际上由于赞助冠名合同有其自身的一些特点，这些特点所隐含的法律问题并不能完全以广告传播合同加以调处，而应当具体分析和解决。

一是体育赞助冠名的管理机关。一般广告传播合同的当事双方分别是广告客户（广告主）和广告经营者（广告商），后者具有一定的营业资质和专业水准①，而赞助冠名合同的双方当事人分别是冠名赞助商（相当于广告客户）和受赞助项目的经营管理者，后者并非专业的广告商，仅仅是为了筹资需要而出让冠名权益，其地位相当于广告商。合同主体上的特殊性决定了赞助冠名运作的行政主管机关的差异，一般的广告传播合同只要双方合意且内容合法即可，主要受工商行政部门的监督管理，而赞助冠名合同还应当按照被冠名项目本身的性质进行个别管理，比如对于体育赛事的冠名，球队能否冠名、如何冠名，不仅仅取决于冠名双方当事人的意思表示，还要遵循体育行政管理部门的规制。如国家体育总局发布的《关于第六届全国城市运动会冠名、广告有关规定的通知》中规定："二、运动会总名称'第六届全国城市运动会'不能冠以赞助单位名称，运动会各项目比赛可冠以赞助单位名称，格式统一为第六届全国城市运动会'××杯'×××（运动项目）比赛，赞助单位名称（引号内名称）字节不限。三、第六届全国城市运动会期间，各代表团不能冠以赞助单位名称，代表团所属各运动队可冠以赞助单位的名称，格式统一为参加单位名称（××××××）队，赞助单位的名称（括号内名称）不得多于 6 个汉字或 12 个字节。"②当

---

① 《中华人民共和国广告法》第 26 条："从事广告经营的，应当具有必要的专业技术人员、制作设备，并依法办理公司或者广告经营登记方可从事广告活动。广播电台、电视台、报刊出版单位的广告业务，应当由其专门从事广告业务的机构办理，并依法办理兼营广告的登记。"

② 《关于第六届全国城市运动会冠名、广告有关规定的通知》，http://www.sport.gov.cn/show_info.php?n_id=21675（最后访问日期：2013 年 5 月 20 日）。

然,被冠名方(赛事主办方)也可能出台相应的自律措施,如 2004 年中国足协发布的中超联赛商务开发中规定,汽车、运动服装等 19 类商品至少在 3 年内不得以任何名称或名义为任何中超俱乐部队冠名,也不得在任何中超联赛俱乐部的正式比赛服和训练服上(包括胸前、背后和衣袖)出现这些企业或公司的名称或产品。①

二是冠名商的权益保障条款。一般广告传播合同要求广告商应当履行策划与发布广告、遵从广告主的相关指示和许可、监察广告媒介上的广告发布、禁止竞争广告、提高必要账目、依法核实广告内容以及保密、维护广告主利益等附随义务。② 在赞助冠名中,当然也应遵循上述规范,但相对而言广告商的直接义务比较单一,即按照合同约定和被冠名项目的特点设置冠名即可,如在赛事舞台上悬挂冠名、在开闭幕式或节目进行中提及冠名商的名号、被冠名球队的队员上场穿上带有冠名商标识的运动衣等等,当然这些冠名显示细节需要双方根据具体情形拟订,在此不必赘言。除此之外,重大赛事、节会等的赞助冠名还有一个重要的问题就是——如何保障采访和报道媒体如实、客观地提及而非刻意回避冠名。由于冠名权本质是一种债权,不具有约束合同外第三人的直接法律效力,故无法以此控制媒体的如实报道冠名问题。如果冠名商并未向相关媒体支付"赞助费",事实上其冠名很少会得到公开、客观的披露,而至多代之以"某公司冠名本次赛事"之类的灰色用语。实际上每一项引人注目的冠名权交易背后不无媒体的造势与推波助澜,其中难免存在有偿新闻的"潜规则",这牵涉到新闻职业伦理与行业治理问题,本书无意在此多论。从合同角度而言,不妨将这一冠名权与媒体报道权之间的"冲突"问题,通过赞助方与被赞助方之间在赞助冠名合同中约定曝光度条款及支付冠名费用的方式加以解决,冠名商的名号在媒体报道中显示得越多,冠名费用随之按比例增加,这样就会促使被赞助冠名方想法设法做好与媒体的合作与公关工作,以便最大程度地提高冠名的媒体曝光率及其相应的利益回报,从而使冠名商的冠名权传播利益保障问题通过纳入合同机制的市

---

① 北方网讯:《商务开发足协超限 19 类商品不得冠名中超队》,http://sports.enorth.com.cn/system/2004/03/02/000742661.shtml(最后访问日期:2013 年 5 月 20 日)。

② 参见《绿色民法典草案》第 1085 条、《澳门商法典》第 724 条、《中华人民共和国广告法》第 27 条。

场技术手段加以解决。①

三是双方要考虑冠名权的排他性与转让问题。一般而言,作为顶级的赞助形式,冠名权应当在赞助合同中约定确保其排他性地位,以防止冠名过多稀释冠名效果,即使确有两个甚至多个冠名,也要保证冠主之间不存在同业竞争关系,否则冠名效果将遭到自我损害。对于两个和多个冠名的场合,还要注意是主-副冠名结构还是循环冠名结构,如果是主-副冠名,则应注意副冠名的显示方式,如果是循环冠名结构(这种情况一般应用较少),则要注意整个被冠名项目运作期间前后冠名的转换及维持冠体通名本身的一致性。此外,对于冠名权,一般不应约定全权转让,即被冠名方不应承诺冠名方有权将该冠名权对外转让或作质押,否则将给被冠名项目本身运作带来较多麻烦,因为冠名的更换会直接涉及赛事、节会等的公共秩序问题。但是,对于冠名商破产、被并购或者更名等特殊情形,则另当别论,当然最好事先于合同中约定必要的解决预案和救济措施,以免出现一损俱损的不利局面。例如,2005 年 6 月 7 日,明基收购西门子手机业务,顺便接下西门子与皇马的赞助合同,获得该队球衫冠名权,这份合约从 2006 至 2010 年,总金额高达 1.2 亿元,不过一年后明基便为西门子手机申请破产,提前解除赞助合同。②

## 第三节　物类冠名合同

所谓物类冠名,实际上与前节所论的赞助冠名一样,都属于商业性冠名,即二者均鲜明地体现了商业交易的色彩,冠名成为一种特殊的交易标的,因而统称为商业性冠名,只是赞助冠名的冠体是体育赛事、节事及娱乐活动等,而物类冠名的冠体则是各类动产、不动产,主要包括体育场馆、道路、桥梁、楼宇、列车以及

---

① 如中国足协在《关于请使用 2007 金威啤酒中超联赛正式名称的函》中称:"中超联赛的健康成长离不开你们的大力支持和帮助,为促进中超联赛、中超市场及新闻媒体的共同发展,请你们在报道中超联赛时使用上述正式名称。为此,我们表示衷心的感谢。"这种公函实际上正是上述公关机制的一种表现。参见中国足球协会:《关于请使用 2007 金威啤酒中超联赛正式名称的函 中超字〔2007〕016 号》,载http://www.fa.org.cn/ggzl/qttg/2007-03-09/113303.html(最后访问日期:2008-3-10)。但是上述公告还只是一种提示,如欲使冠名得到正常报道恐怕还在于被冠名方与媒体之间更为实质性的协调工作。

② 《皇马屡克其赞助商,明基准备提前弃船》,http://news.21tx.com/2006/11/06/10992.html(最后访问日期:2013 年 5 月 20 日)。

其他建筑物、构筑物或大宗交通工具等，这种冠体方面的不同导致冠名的表现形式的差异，进而在冠名合同的类型认定上存在一定的差异，因此本节对物类冠名的发展概况及冠名合同的法律适用另行予以分析。

## 一、物类冠名的发展概况

物类冠名尤其是体育场冠名在世界发达国家运作已久，发展成熟。例如在美国，扬基体育馆(Yankee Stadium)就是个经典案例，它建于1923年，以一个著名的职业棒球队冠名，该冠名权80多年来从未应外来的求购者而更替。① 进入20世纪90年代以后，企业冠名运动场馆的热潮不减，1990年以前，只有4个职业球队的场地有企业冠名，至1999年增长到70个，10年间有66家企业将自己的名字用在了原有的或新建的场馆上。前后对比情况如表3所示。②

**表3 美国职业体育场馆冠名场馆占全部场馆的比例**

| 美国四大职业赛事 | 2000年 | 1990年前 |
| --- | --- | --- |
| 棒球联盟 | 15∶30 (50%) | 0∶28 (0%) |
| 篮球联盟 | 21∶29 (72%) | 2∶27(7.4%) |
| 冰球联盟 | 21∶28 (75%) | 1∶21 (4.8%) |
| 橄榄球联盟 | 13∶21 (41%) | 1∶28 (3.6%) |

相对于场馆冠名权交易，针对写字楼的冠名权交易出现得较晚。最早的写字楼冠名权交易出现在20世纪中叶，随后逐渐发展，并在近30年中伴随着全球写字楼市场的繁荣而日趋成熟。世界四大房产代理行的调查显示，在一个成熟的写字楼市场中，仅涉及独立冠名权交易的写字楼交易量就占到市场交易总量的10%。各大金融机构、保险公司、事务所、媒体公司等服务性行业和汽车、飞机等制造公司是此类交易的主要参与者。在北美、欧洲乃至全世界的各大主要城市的商业中心，以企业名称命名的商业办公大厦比比皆是，如纽约的美国银行广场、克莱斯勒大厦，芝加哥的UBS大厦，温哥华的汇丰银行大厦，英国的瑞士再保险总部大厦，法兰克福的德意志银行大厦，悉尼的AAPT中心，香港的中国

① Robert H. Thornburg, *Stadium Naming Rights: An Assessment of the Contract and Trademark Issues Inherent to Both Professional and Collegiate Stadiums*, 2 VA. SPORTS & ENT. L. J. 328, 2003.

② 《美国场馆冠名权的开发》, http://www.csiso.com/member/show_doc.php? id=140。

银行大厦、AIG 大厦等。[①]

近年来，随着我国体育产业和房地产市场的日趋繁荣，体育场馆冠名权和写字楼冠名权的发展也初现端倪。由于中心城区甲级办公楼有限，租金再上新台阶，办公楼冠名权被看好。外资大公司和国内一些进入迅速发展期的企业集团，为企业扩张正急需寻找能设立公司总部、并能取得冠名权的办公楼。以上海为例，自汇丰集团在陆家嘴购买森茂大厦部分办公楼并成功取得该大厦冠名权后，大型金融和咨询机构争夺冠名权蔚然成风。华夏银行、国家开发银行、花旗集团、普华永道、中华财产保险、海通证券等均通过购买或租赁超过 10 000 $m^2$ 的办公楼取得该物业的冠名权。英国渣打银行更是斥资 3.2 亿元人民币购买了陆家嘴集团建设的发展大厦并命名为“渣打银行大厦”，足以体现该集团对中国市场的长期战略眼光。[②] 此外，桥梁冠名、广场冠名、道路冠名、列车冠名等交易也是方兴未艾，如红河集团冠名世界第一高桥、新湖房产冠名上海磁悬浮列车等，无不引发市场人士的广泛关注。

## 二、物类冠名合同的类型准用

对于这类不动产和大宗动产（主要是列车等交通工具）冠名的法律关系，有人认为类似于提供广告载体的合同，与租赁广告牌发布广告非常类似，认为“可以纳入广告法律关系加以规范”[③]。此解确有一定道理，因为冠名从本质上来讲也是一种广告方式，但是也须注意，物类冠名合同与一般广告合同相比，有几个突出特点：一是主体方面，广告合同一般是指“当事人一方有义务设计、制作、发布他方之广告，以取得回报之合同”[④]，提供广告的一方为广告经营者，另一方为广告客户，而在上述冠名合同中，提供冠名（广告）位置的一方并非专业的广告经营者，而是建筑物、构筑物或交通工具等冠体的所有人或管理人，故在合同主体上与一般的广告合同有所不同；二是时间方面，广告合同一般合同期限较短，冠

---

① 谭璐：《写字楼冠名权交易中的风险控制策略研究》，复旦大学 2006 年度工商管理专业硕士学位论文，第 10-12 页。

② 唐颖豪：《甲级办公楼叫卖冠名权，境内外企业激烈竞标》，载《房地产时报》2007 年 3 月 5 日。

③ 沈志先、符望：《冠名权转让中的法律问题》，载《复旦民商法学评论》（总第三集），法律出版社 2005 年版，第 61 页。

④ 《澳门商法典》第 720 条。

名期限一般较长，不动产类一般在 20 年左右①，列车等动产的冠名期间一般也在 2 年以上②，因此，从合同期限来看，物类冠名合同比一般广告合同要长得多。

相比较而言，物类冠名合同倒与租赁合同有些相似，即租赁不动产或者动产名牌及其他广告位置，如红河企业获得连续钢构世界第一高桥的冠名权，其权益包括大桥 30 年的冠名权、3 块指路标志牌 30 年的广告位、中央分隔带 21 根灯箱及元磨公路上跨桥两面 3 年广告位③。本书第三章所阐述的关于物之冠名权的属性，认为物之冠名权源于物之名号权的出让，而名号权实为物权之一部分，故物之冠名权虽为债权，但颇近似于租赁权，具有物权化的趋向，因而将物类冠名合同准用于租赁合同似乎也可作为一项选择。但是，租赁合同的要旨在于它是"出租人将租赁物交付承租人使用、收益，承租人支付租金的合同"④，其中直接涉及租赁物的交付及其使用和收益，而冠名合同的特点在于符号化地占有物之名号，并不需要占有和用益物之本身，不影响物权人对物的占有、使用、收益和处分，也正因为如此，冠名权的实现在于被冠名方对冠名的设置和展示，冠名权人对于冠名权的行使处于一种被动地位，这种权利状况与租赁权那种近乎物权的债权性质有很大差异，而更接近于广告传播合同。况且，物类冠名权运作实践中普遍存在的 20 年甚至更长的冠名期限也有违《合同法》214 条"租赁期限不得超过二十年。超过二十年的，超过部分无效"的强制性规定。因此，从合同的内在机制上分析，物类冠名合同与赞助冠名合同一样，也应准用于广告传播合同。实践中对于物类冠名权尤其是道桥、列车等冠名权称作无形资产或者无形财产权，按照民法原理，冠名权的运作与土地使用权甚至知识产权等具有绝对权性质

---

① 如 2003 年红河集团冠名连续钢构世界第一高桥，根据云南省交通厅批准的委托拍卖规则，大桥冠名权使用年限为 30 年，载 Tom 网：http://finance.news.tom.com/1001/1007/20031028-27066.html；吴少华：《兰州规定冠名地名使用 15 年》，载甘肃日报网：http://gansu.gansudaily.com.cn/system/2007/08/14/010441023.shtml；2004 年昆明高新技术产业开发区在其公开拍卖区内 13 条道路的冠名权的方案中规定冠名时间为 20 年，参见邹沐春：《昆明要"卖"13 条大街小巷》，载新华网：http://www.yn.xinhuanet.com/newscenter/2004-03/04/content_1723727.htm。

② 如 2003 年上海首列磁悬浮列车冠名权拍卖，冠名企业将享有为期 2 年的冠名权，参见吴宇、潘清：《磁悬浮列车冠名新湖明珠》，载新华网：http://news.xinhuanet.com/fortune/2003-03/06/content_761338.htm；上海申崇线（从上海市区到崇明）上的客轮船体冠名权时间为 5 年，参见《申崇线首次拍卖船体冠名权，谁欲留名绿岛航线?》，载新浪网：http://news.sina.com.cn/c/2003-11-28/09321205488s.shtml。

③ 袁田恬：《红河卷烟：619 万冠名权到底能换取多少广告效应》，载 Tom 网：http://finance.news.tom.com/1001/1007/20031028-27066.html。

④ 参见《中华人民共和国合同法》第 212 条。

的无形财产权均有所不同，如前所述，冠名权权利的实现不是靠冠名权人对交易对象的积极行使而主要是靠被冠名方依约彰显冠名，所谓冠名权本质上是一种合同关系，是一种债权。

应当注意的是，写字楼等不动产冠名在的实践运作中存在一些不同的情形。有的是纯粹的冠名，这个自应如上文所论，准用广告传播合同处理。有的是直接买下该楼宇并冠名，如 2006 年花旗银行以每平方米 5 200 美元的价格购买了陆家嘴黄浦江边一栋写字楼的 6 层楼面，命名为花旗银行大厦，这时的冠名权实际上不过是所有权本身的一种外显，而不同于一般意义上的冠名权。有的则是商户连租带冠名的情形，如 2007 年渣打银行连买带租，拿下世纪大道上一栋写字楼 29 000 $m^2$ 的使用面积，包括 14 个层面的办公面积和 3 层裙房部分，并获取大厦冠名权，而汇丰集团则早在 1999 年 12 月即以 3 300 多万美元购置了位于浦东的森茂大厦的楼面及冠名权。① 房地产开发商或者写字楼所有权人与冠名商统一订立一个合同，其中既包括房屋租赁的内容也兼有冠名权的约定条款，此类合同符合混合契约中的"典型契约与其他种类的从给付"类型，即主给付符合典型契约，同时包含从给付义务，如租赁房屋并雇房东打扫、购买瓦斯并约定使用后返还瓦斯桶。对于此类型混合契约，原则上应采取"吸收说"，适用该典型契约的法律规定。② 准此以解，在楼宇租赁且冠名的情形下，无论是从物(体)权与物名权的关系而论，还是从二者交易金额比例来看，租赁均应为主给付，冠名为从给付，故当按照租赁合同这一典型契约规范其中的权利义务关系。

在我国，这些冠体不少是国有资产，即如法国法所认为的属于"公产"的范围，其所有人为行政主体，或者称之为"公物"，即指直接供公有的目的支配之物，并处于国家或其他行政主体的支配下。③ 公产所有权论者认为公产的所有权是不同于私法上所有权的另一种形态的所有权。与这种思维逻辑相类似，有学者认为"道路等公共设施的冠名权在法律性质上是一种国家行政权力，是职权与职

---

① 相关事例参见庹晓骅：《冠名陆家嘴一楼宇渣打即将亮相出现浦东上空》，载中金在线：http://yndt.bank.cnfol.com/050415/137,1396,1250042,00.shtml(原载《东方早报》)；朱楠：《外资抢滩上海陆家嘴写字楼市场，银行巨头买楼比拼》，载北京写字楼信息网：http://news.beijingoffice.com.cn/35/2007111110454.html(原载《上海商报》)。

② 王泽鉴著：《债法原理》(第 1 册)，中国政法大学出版社 2001 年版，第 113 页。

③ 林柏璋：《台湾水权及其法律性质之探讨——公水之特许使用》，载《台湾水利》第 49 卷第 3 期，2001 年 9 月，第 99 页。转引自崔建远：《所有权的蜕变?》，载《复旦民商法学评论》(总第三集)，法律出版社 2005 年版，第 2 页。

务的统一,具有不可处分性"[①],"道路冠名是完完全全的政府行为"[②]。上述观点将原本体现市场交易特质的冠名权交易视作政府机关单方的优势行为,或者认为属于"行政契约",无视等价有偿的基本规律,必然导致冠名权市场运作的扭曲。实际上,所谓公产所有权的基本原理仍然源于私法所有权的理论范式,换言之,"在运用民法理论能够合理地、清楚地阐明公产所有权的情况下,却毅然抛弃民法所有权说,新创行政法上的所有权理论,其说服力便不够强劲"[③]。公物法既包括公法亦适用私法,除公物之设定、废止、使用目的之确定及依公物特征不能适用民法规定者外,有关公物之一般法律关系,仍受民法之支配。[④] 准此以解,公物类冠名权的运作也得遵循广告合同的基本规则,而不能以行政权力遮蔽冠名权交易的合同性质。不过,公物类冠名常常事关公共资源的合理配置和公序良俗的维护等问题,因此在发展冠名权交易的同时还要注意对冠名权的运作过程进行必要的法律规制,如此才能更好地理解和把握冠名权的运作。关于此点,将于第五章"冠名权运作的法律规制"中予以阐释。

## 第四节 捐赠冠名合同

### 一、捐赠冠名的发展概述

捐赠冠名属于非商业性冠名,具有较强的慈善和公益色彩。在西方发达国家,社会捐款是学校、医院、博物馆等诸多非营利机构生存与发展的一项重要资金来源。如美国的高等教育捐赠发展就比较成熟,捐赠收入已占全国高校尤其是私立高校经费来源的10% 以上。据美国教育援助委员会统计,仅 2003 财政年度,美国社会对高等院校的捐赠就达到 239 亿美元[⑤],而 2007 年据调查这一捐款额更是创纪录地达到约 300 亿美元。另据美国学院和大学事务官员协会最

---

① 何晓华:《对道路冠名权的法律思考》,载《河北法学》1998 年第 4 期。

② 周健、江寄鸥:《路名商品化中的法律问题研究——欧德力路冠名权转让法律问题研讨会综述》,载《法学》1996 第 12 期。

③ 崔建远:《所有权的蜕变?》,载《复旦民商法学评论》(总第三集),法律出版社 2005 年版,第 7 页。

④ 吴庚著:《行政法之理论与实用》(增订第 5 版),三民书局 1999 年版,第 190 页。

⑤ 陈志琴、俞光虹、周玲:《影响中美高校募捐的社会因素比较》,载《高教探索》2005 年第 5 期。

近的统计，迄今基金达10亿或以上的大学至少有76家。① 这其中除了经济因素、文化因素以及制度因素之外，高校本身的筹资措施也是很重要的一环，而冠名则是吸引和回报捐赠人的一种常规机制。在美国，无论是私立大学还是公立大学都积极发展冠名捐款，筹款被视为是学校管理机构的主要职能之一，我们可以在很多大学的网站上发现向社会公开发布的"naming right policy"或者"sponsorship policy"，并且这些冠名规则使得捐赠冠名成为一种常设性制度。比如美国的加州大学（University of California）长期以来就有以为该校的教学、科研或公共服务事业作出重要贡献的个人或组织冠名纪念学校财产、学术或非学术项目、设施的传统，该校为此多次专门出台相关具体办法，从1940年发布的《关于纪念展示的办法》开始，直到1998年汇集的《关于冠名讲座教席、教授的政策及其管理指南与程序》，先后9次发布冠名政策，2002年在汇集上述政策的基础上发布《学校财产、学术或非学术项目、设施冠名办法》。② 其他学校也都很重视冠名筹资，网络搜索"naming right policy"或"naming policy"可见此类海量文档。

相比之下，目前我国大学等非营利机构的主要资金来源还是政府拨款，随着社会经济的发展和教育理念的革新，通过冠名吸引资金捐助已经在国内部分院校产生了积极效应。例如，1994年北京大学与光华教育基金会签订合作办学协议，工商管理学院改名为"光华管理学院"③；2007年上海交通大学与廖凯原基金会签约捐赠协议，后者将为前者捐资建设法学院，新的法学楼建成后将命名为"廖凯原法学楼"（Leo KoGuan Law Building），法学院将更名为"上海交通大学凯原法学院"④。同时我们也可以看到一些院校主动发布冠名捐赠公告募集发展资金，如《关于南京大学商学院新大楼（安中大楼）部分设施征求冠名的公告》中称："商学院新大楼（安中大楼）新近竣工落成。新大楼内的一些报告厅、会议室、实验室和教室等设施尚未冠名。愿意以捐资助学等形式取得新大楼内部分

---

① 艾迪国际：《美国大学吸金300亿》，载中青在线：http://interedu.cyol.com/content/2008-03/06/content_2091920.htm。

② *Policy on Naming University Properties, Academic and Non-Academic Programs, and Facilities*, available at http://www.ucop.edu/ucophome/coordrev/policy/12-19-02att.pdf(last visit May 20, 2013). 中文版见本书附录二，供国内大学及相关机构参考。

③ 参见光华管理学院学院介绍，http://www.gsm.pku.edu.cn。

④ 上海交大：《美国廖凯原基金会捐资我院建设一流法学院》，http://law.sjtu.edu.cn/News/news_item.aspx?classId=118&contentId=401。

设施冠名权者,商学院将在冠名地点的显要位置制作带有捐赠者名称的铭牌,授予捐赠者捐资助学的奖杯和证书等,并且举行捐赠仪式。”①但总体上来说,国内高校及其他公益事业机构在筹资募款普及面和筹款数额方面还比较有限,并且这些捐赠大多来自于我国港台地区及海外。其中原因,除了经济发展水平、社会文化环境以及税收等制度因素之外,还与我国多数大学长期以来仰赖于行政化的办学体制和行政拨款建设机制有关,很多高校在思想观念上不重视甚至不屑于发展民间筹款,有的只在校庆之际才会想到发动募捐,而对常规募捐缺乏长期性、系统性、战略性的发展规划。

对此现状,有批评人士指出,高等院校本身是影响教育募捐政策执行效果的核心要素之一,妨碍我国教育募捐政策执行效率的高校因素表现为:募捐意识不强,守株待兔思想严重;缺乏募捐规划;募捐物种类单一;募捐专业化程度较低、募捐资金使用不够规范等。其解决出路在于:确立主动募捐的观念;制定高校募捐规划;增加募捐物种类,拓宽募捐渠道;加强募捐队伍职业化建设;规范募捐资金管理,增加透明度。②上述认识与建议颇为中肯,除此之外,在操作实践中,教育行政主管部门应当顺应市场经济条件下开放办学的趋势,放松大学及其他公益机构的筹资管制,高校应积极主动地开展募捐,实施冠名捐赠计划。

## 二、捐赠冠名合同与荣誉冠名、赞助冠名合同的区分

发布冠名募捐公告(naming right policy)常常成为校方与冠名人订立冠名捐赠合同的必要前奏,在法律性质上相当于要约邀请,在内容上主要包括需要资助的项目和所需款项以及相应的冠名回报,冠名人与之订立捐赠冠名合同,冠名权则作为其中的必要条款载入合同。根据《合同法》第15条的规定,如果冠名公告的内容具体明确,且表明经捐赠人的承诺募捐人即受该意思表示约束的,应当视为要约。

首先,对于捐赠冠名合同的法律性质的认定,必须将其与纯粹的荣誉冠名和授权许可用名情形区别开来。荣誉冠名多是为了纪念某些历史人物或社会名人而将冠体以该人冠名,如广东省的“中山市”、北京的“张自忠路”、葫芦岛市的“杨

---

① 见南京大学网站,http://nubs.nju.edu.cn/xyh.php/E。

② 周建民、韩怀超:《妨碍我国教育募捐政策执行效果的高校因素分析》,载《雁北师范学院学报》2006年第6期。

利伟中学”等等，这些貌似冠名的称谓，从实际情况来看，与其说是赋予“冠名人”以冠名权，还不如说是借用名人效应来进行自我宣传。从法理上分析，一方面逝者不可能享有这份权利，另一方面对于生者也不会因为一方的意思表示就形成赠与合同，而单方的给予应当属于一种颁授荣誉的行为，故这种意义上的冠名权实际上是一种荣誉权，“冠名权”人因此而获得一种积极的外部评价，颁授方同时有权收回这种荣誉冠名权利。如果未经对方当事人或者其亲属同意，擅用其姓名加以“冠名”，还容易引发姓名权侵权纠纷，如在鲁迅冠名权纠纷案中，一学校未经鲁迅亲属同意，擅自使用鲁迅姓名作为学校“冠名”，则被对方诉之法院，该案实际上属于鲁迅姓名是否经其遗属授权许可使用的问题，而非冠名权问题，二者在运作方式和资金流向上正好是截然相反的。[①] 同类案件如陕西省翻译协会诉西安市海伦·斯诺学校（原西安深华学校）合同违约案，此案中被告有偿使用原告下属机构海伦·斯诺研究中心的“授权冠名”（实为授权用名——笔者注），但未依约支付“管理费用”（授权许可费），故被诉违约。[②]

其次，还要注意捐赠冠名合同与前文所论的商业冠名合同的不同，否则只能一体准用广告传播合同来处理。捐赠冠名合同的突出特征在于：第一，它是基于慈善捐助（donation）而设的，而非基于赞助（commercial sponsorship）和冠名权的买受。不难看出，物类冠名权具有典型的商业交易性，赞助冠名权具有半商业半公益的意味，而捐赠冠名权则格外强调和体现非商业性、公益性。这种基础性关系的性质差异决定了捐赠冠名合同不应与前两种合同一样准用广告传播合同。第二，捐赠冠名的非商业性源于它所应用领域的公益性。教育、科研、健康、环保、文博、济困等领域属于普惠民众的公益事业领域，人们对于任何推进这些事业进步而作出贡献的个人和组织绝不吝啬由衷的敬意和好感，而这将极大地提升捐赠人的社会形象。在信誉成为一种稀缺资源的社会环境下，无论是有意还是无意追求这种积极的社会效果的个人和组织都不会对这一点毫无虑及，质言之，个人和组织投身于公益捐赠，除了满足内心的幸福感或者是减少处理积压货品的经济成本之外，最重要的就是通过捐赠获取冠名等各种形式的柔性利益回报，但是即使有此功利诉求，也必须遵循这一领域应有的社会伦理和运作规

---

① 中新社：《周海婴庭外和解，鲁迅冠名权纠纷了断》，载：http://culture.163.com/edit/011224/011224_56552.html。

② 江雪、周秦：《海伦·斯诺冠名风波》，载《华商报》2002年1月18日。

律，保持捐赠冠名的公益性色彩，含蓄地传递其中隐含的商业信息，将履行企业社会责任纳入企业的整体发展战略之中。这种含蓄体现在冠名上，美国杜兰大学法学院（Tulane Law School）的 John K. Eason 副教授对此有这样的描述："一些个冠名可能看起来毫无意义，比如将捐赠人的名字印在剧院座位的后背上，或者把他们的名字刻在被捐赠场所外面过道边上的砖墙上。但只要名义被认可，这些个'坐底'的冠名机会仍然能够很有效地吸引善款，而且也给那些公开支持慈善事业的人们一种主人翁的感觉；有些冠名则十分醒目，但这对于慈善组织实现其既定宗旨却是十分危险的。"①

## 三、捐赠冠名合同的类型适用

捐赠冠名的非商业性特征决定了捐赠冠名合同中捐助为主、冠名为辅的基本权利义务格局。在我国的具体的法律定位上，笔者认为捐赠/捐助冠名合同有两个可能的法律涉入途径。一个是根据我国《公益事业捐赠法》，该法第 2 条规定："自然人、法人或者其他组织自愿无偿向依法成立的公益性社会团体和公益性非营利的事业单位捐赠财产，用于公益事业的，适用本法。"第 12 条规定："捐赠人可以与受赠人就捐赠财产的种类、质量、数量和用途等内容订立捐赠协议。捐赠人有权决定捐赠的数量、用途和方式。捐赠人应当依法履行捐赠协议，按照捐赠协议约定的期限和方式将捐赠财产转移给受赠人。"第 13 条规定："捐赠人捐赠财产兴建公益事业工程项目，应当与受赠人订立捐赠协议，对工程项目的资金、建设、管理和使用作出约定。" ②上述规定所设定的法律框架可以适用于捐赠冠名合同，同时，还涉及该法与《合同法》第 11 章关于赠与合同的关系问题，后者第 185 条规定："赠与合同是赠与人将自己的财产无偿给予受赠人，受赠人表示接受赠与的合同。"在具体的法律适用上，两法关于捐赠/赠与的规定均可适用于捐赠冠名合同的法律调整，不过《合同法》所调整的赠与合同的范围大于《公益事业捐赠法》所规定的赠与范围，因为后者仅限定于公益事业领域，即指非营利的救困、教科文卫体、环保和公共设施建设等社会公共和福利事业（《公益事业捐

---

① John K. Eason, *Private Motive and Perpetual Conditions in Charitable Naming Gifts: When Good Names Go Bad*. UC Davis Law Review, Vol. 38:375, No. 2, February 2005.

② 请注意这两条对于是否订立捐赠协议的不同，前者为"可以"，后者为"应当"，概因为工程项目类一般牵涉捐赠额较大，故从国家层面上对捐赠资金的管理使用也更为严格。

赠法》第3条)，《合同法》第188条的规定也印证了这一点。[①] 这一点明显不同于前述的赞助冠名和物类冠名，在法律适用上应当遵循特别法优于普通法的规则，即《公益事业捐赠法》对于捐赠冠名问题有规定的，适用该法的规定，无规定的，适用《合同法》关于一般赠与合同的规定以及《合同法》总则部分的规定。就本书所论的捐赠冠名合同而言，合同中含有冠名权回报的约定条款，虽然上述两部法律均认为捐赠合同系属无偿合同，但同时也都有关于附负担赠与的规定，具体体现在《合同法》第190条："赠与可以附义务。赠与附义务的，受赠人应当按照约定履行义务。"《公益事业捐赠法》第14条："捐赠人对于捐赠的公益事业工程项目可以留名纪念；捐赠人单独捐赠的工程项目或者主要由捐赠人出资兴建的工程项目，可以由捐赠人提出工程项目的名称，报县级以上人民政府批准。"二者的区别在于，前者并未明确规定捐赠所附义务为冠名，但并不排除当事人约定此项内容的可能，后者则明确规定了捐建公益事业工程的可以冠名(即留名纪念)，不过并未明确非公益事业工程的捐赠是否可以冠名，但无理由不允许约定冠名。因此，二者关于捐赠冠名合同的法律意旨应该是一致的。在合同类型的适用上，捐赠冠名合同应定位于《合同法》中所规定的附义务赠与合同，即捐赠人在捐赠合同中可以约定要求对方在接受捐赠后将受捐助项目(包括设施、席位、基金等)以捐赠人或者捐赠人指定的人的名号冠名。结合相关规定，对于捐赠合同的特点与效力，可作以下说明。

第一，在合同主体上，捐赠方是不特定主体，可以是自然人、法人或其他组织，受捐赠方则是特定的，应当是依法成立的公益性社会团体和公益性非营利的事业单位，这既不同于商业赞助冠名中的参与主体，也不同于一般赠与合同中的主体。

第二，在合同性质上，捐赠冠名合同应当建立在无偿、自愿的基础之上，禁止强行摊派或者变相摊派，不得以捐赠为名从事营利活动，具有无偿性、自愿性的特点，以此区别于商业类捐赠冠名及其他活动。捐赠冠名的基础在于捐赠，即赠与，赠与合同的性质为单务、无偿合同，即使是附义务的赠与合同也仍为单务合同，因为双务合同的本质是双方存在对价义务关系，而在附负担的赠与下受赠人

---

① 该条规定："具有救灾、扶贫等社会公益、道德义务性质的赠与合同或者经过公证的赠与合同，赠与人不交付赠与的财产的，受赠人可以要求交付。"

只在赠与的范围内承担义务,并非合同的对价。①

第三,在合同内容上,捐赠人有下列义务和权利,与之相对应,则为受赠人之义务和权利。

(1) 捐赠人的义务。①交付财产。按照约定的时间和方式向受捐赠方交付捐赠财产,捐赠的财产应当是其有权处分的合法财产。②办理手续(赠与双方之共同义务)。赠与的财产依法需要办理登记等手续的,应当办理有关手续。③不履行给付义务的责任。由于捐赠冠名合同属于社会公益、道德义务性质的赠与合同,因而赠与人不交付赠与的财产的,受赠人可以要求交付。但是由于赠与合同为无偿合同,因此赠与人不履行赠与义务时,承担的责任应当比双务合同中当事人不履行债务的责任要轻。② ④损害赔偿责任。因赠与人故意或者重大过失致使赠与的财产毁损、灭失的,赠与人应当承担损害赔偿责任。⑤瑕疵担保责任与损害赔偿责任。由于捐赠冠名合同属于附义务(冠名)的赠与合同,因而赠与的财产有瑕疵的,赠与人在附义务的限度内承担与出卖人相同的责任。赠与人故意不告知瑕疵或者保证无瑕疵造成受赠人损失的,应当承担损害赔偿责任。

(2) 捐赠人的权利。根据前文所述,捐赠人约定赠与合同中附义务的,有权要求对方在接受捐赠后于受捐助项目(包括设施、席位、基金等)上以捐赠人或者捐赠人指定的人的名号冠名,捐赠人单独捐赠的工程项目或者主要由捐赠人出资兴建的工程项目,可以由捐赠人提出工程项目的名称,报县级以上人民政府批准。受赠人不履行的,按照《合同法》第 192 条之规定,捐赠人可以请求其履行,也可以请求撤销赠与,赠与人的撤销权自知道或者应当知道撤销原因之日起 1 年内不行使的,撤销权消灭。

## 四、捐赠冠名合同的特殊问题

### (一) 捐赠冠名合同与商业赞助冠名合同的区分

认定一种合同是否属于捐赠冠名合同,应当把握两点。一点是受赠主体的性质,即受赠主体是否属于《公益事业捐赠法》中所规定的"依法成立的公益性社会团体和公益性非营利的事业单位",按照该法第 3 条之规定,这类受赠主体所从事的公益事业具体指非营利的下列事项:①救助灾害、救济贫困、扶助残疾人

① 傅鼎生:《义务的对价:双务合同之本质》,载《法学》2003 年第 12 期。

② 江平主编:《民法学》,中国政法大学出版社 2000 年版,第 677 页。

等困难的社会群体和个人的活动；②教育、科学、文化、卫生、体育事业；③环境保护、社会公共设施建设；④促进社会发展和进步的其他社会公共和福利事业。另一点是捐赠行为是否属于自愿、无偿的行为，认清这一点也很重要，因为即使是上述公益性或非营利性单位组织的活动或发起的项目也可能具有商业性、有偿性，应当认定属于赞助冠名合同，而非捐赠冠名合同。比如蒙牛乳业集团冠名湖南卫视组织的“超级女声大奖赛”，虽然电视台总体上属于非营利事业单位，但这种合作具有明显的商业交易的性质，实质上不过是一种软性广告形式，合同中含有冠名费用、冠名收益回报等有偿性的权利义务，因此应当参照广告传播合同的规定加以调整。而在捐赠冠名中，冠名并非捐赠的对价，而是捐赠后受赠方的负担。“赠与人不能以受赠人不履行负担作为不履行赠与的抗辩，原则上赠与人履行给付义务后，受赠人才发生履行其负担的义务”①。因此冠名并未改变捐赠冠名合同的单务无偿性，它只是赠与合同附加的义务。比如，同样是湖南电视台，如果单位组织一场员工体育比赛，某厂商提供奖品支持，比赛以该厂商冠名，则这种情况下冠名并非是作为商品进行交易而是一种友情回报，双方订立这类协议则不宜认定为赞助冠名合同，而应按附负担赠与合同来处理。

**（二）永久冠名与捐赠目的偏离**

关于捐赠冠名，有一个值得思考的问题，即在捐赠人意图永久冠名的情况下，后来情况的发展偏离了原有的捐赠冠名轨道，应当如何化解？美国杜兰大学法学院的 Eason 副教授举了一个美国的例子：捐赠人为了纪念他们因患某种疾病不治身亡的儿子，专门在一家医院以他们儿子的名义冠名捐赠了一座侧楼收治这类病人，但是后来随着医疗技术的进步，这种疾病在一般的门诊即可治愈，故医院方面将该侧楼改作其他用，捐赠人对此不满，引发诉讼。对此有两种不同的立场，捐赠人立场（pro-donor perspective）认为应当严格按捐赠目的使用侧楼，不应擅自改变其特定用途，而从社会立场（societal perspective）来看，则认为应当灵活地兼顾慈善使命的完成与捐赠冠名的要求，宽泛地理解慈善的含义，而非僵化地理解捐赠条件，换言之，在该种疾病容易获得救治的情况下将该侧楼用作其他医疗用途，同样不违背慈善捐赠的本义。② 在美国信托法中规定有一种

---

① 江平主编：《民法学》，中国政法大学出版社 2000 年版，第 678 页。

② John K Eason, *Private Motive and Perpetual Conditions in Charitable Naming Gifts: When Good Names Go Bad*, UC Davis Law Review, Vol. 38:375, No. 2, February 2005.

"相近性原则"(cy-pres principle),法院可以据此直接将捐款人的意愿调整为相近的慈善事业,从而彰显捐赠人的慈爱之心,但该原则仅在原有的慈善目的不可能实现或有违法之嫌时才可适用。① Atkins 教授形象地称之为扭转捐赠人与社会之间"交易"败局的扳手,这些败局包括原定的疾患已被消除、起初设置的学术基金后来被认为有种族歧视之嫌等。②在我国《信托法》中也有类似的规定,该法第 69 条规定:"公益信托成立后,发生设立信托时不能预见的情形,公益事业管理机构可以根据信托目的,变更信托文件中的有关条款。"需要注意的是,这一规则的适用前提是按照公益信托合同来设定信托财产,而"形式上信托财产归受托人所有,但实质上信托财产的所有人仍是受托人"③,这与捐赠合同中所具有的转移财产所有权的方式还是有所区别的。尽管如此,由于这种情况下公益事业管理机构毕竟对于信托财产拥有一定的管理支配权,故若是在公益信托合同中订立有类似于捐赠冠名的条款,应可适用上述的信托目的变更条款。

我国《公益捐赠法》第 18 条对于该类问题则有比较严格的规定:"受赠人与捐赠人订立了捐赠协议的,应当按照协议约定的用途使用捐赠财产,不得擅自改变捐赠财产的用途。如果确需改变用途的,应当征得捐赠人的同意。"可见,此处坚持的是严格的捐赠人立场,不准擅自改变捐赠财产用途,否则可依《合同法》第 192 条之规定撤销赠与合同。笔者认为,对于《公益捐赠法》第 18 条规定的"改变用途"应当结合具体案件予以合理解释,比如像上文提到的捐献医院侧楼案,如果确属实无必要继续按原捐赠协议履行,应当支持医院方面适当将其改作其他相近用途,因为这种改变实际上并未从根本上改变慈善捐赠所欲达到的目的,而是更好地服务于治病救人的慈善公益事业,应当获得支持。即使此种解释有违捐赠者的本意,也不能追究受赠人的违约责任。因为附义务合同中的义务并非像双务合同中的对价义务一样,所以附负担的受赠人不履行义务的,赠与人只能解除或撤销赠与而不能要求对方承担违约责任。④

需要注意的是,对于上述案例中改变用途的原因,不能以《合同法》中所规定的不可抗力来解释,因为冠名并非是赠与合同的对价,受赠后不履行冠名的负担

---

① 2 RESTATEMENT(THIRD) OF TRUSTES § 67(2003); 2 RESTATEMENT(SECOND) OF TRUSTES § 399(1957).

② Rob Atkins, *Reforming Cy-Pres Reform*, 44 Hastings L. J. 1117,1992.

③ 中野正俊、张军建著:《信托法》,中国方正出版社 2004 年版,第 26 页。

④ 傅鼎生:《义务的对价:双务合同之本质》,载《法学》2003 年第 12 期。

义务并不需要承担违约责任，因此不需要援用不可抗力作为法定免责事由。同样也不适用情事变更制度，尽管其与不可抗力“二者虽均构成履行障碍，但程度不同，不可抗力已构成不能履行（广义的）；情事变更则是有的未达到不能履行的程度（可能履行），有的可能达到履行不能的程度（比如部分不能或者一时不能），总体言之，如强其履行，将导致显失公平”①，但情事变更规则与不可抗力一样适用于双务合同，故以此来调适永久冠名与慈善目标的偏离亦不足取。

## 小　结

冠名合同是冠名权实践运作的基本法律工具，它可以分为两大类：一类是商业性冠名合同，包括商业赞助冠名合同和物类冠名合同，它们具有鲜明的商业交易特点，遵循等价交换的市场规律，在合同性质上均可准用广告传播合同；另一类是捐赠冠名合同，这类冠名合同虽然也有隐性广告的特征，但在基本性质上具有鲜明的公益性，冠名权并非捐助的对价，应将捐赠冠名合同定位于附负担（义务）赠与合同。除了解决好冠名合同的类型适用问题之外，对于各类合同的特殊问题以及共有性问题也应当合理调处。

---

① 韩世远著：《合同法总论》，法律出版社 2004 年版，第 443-444 页。

# 第五章
# 冠名权运作的法律规制

## 第一节　冠名权运作的原则

### 一、冠名权运作的技术原则

冠名权交易与冠名广告虽然方兴未艾，应用广泛，但理论界对冠名权运作进行全面考察和系统总结者并不多见。由于各类冠体差别较大，具体操作模式和实施细则难以统一归结，但综合各类冠名权运作的实践经验，针对冠名权运作的各个环节，在技术处理上遵循以下几项原则，将会使冠名权运作取得较好的效果。

**(一) 冠体的选取：社会知名度和美誉度**

从冠名权操作实践来看，可以作冠体的对象化事物林林总总，主要为实物，具体包括道桥、交通工具、建筑物、构筑物、林木等。在选取上述事物作为冠体时，首先应当考虑冠体本身是否具有显著的社会知名度。社会知名度是一种珍贵、稀缺的市场资源，冠名载体能够迅速提升冠主的知名度和社会形象。如果冠体缺乏显著的特征则难以被冠主认可，相反，那些具有典型性甚至唯一性的冠体常常引发冠名厂商的竞逐。如 2001 年新乡至郑州高速公路上的黄河特大桥冠名权将要拍卖的消息甫一发布，短期内即有 50 多家著名跨国公司表达了冠名意向。[①]其次还应注意冠体的社会美誉度，如果一个冠体仅具有突出的社会知名度，但却

---

① 新华社讯：《中国首次拍卖特大桥冠名权》，载《广州日报》2001 年 7 月 3 日 A4 版。

具有负面、消极的社会影响，那将其作为冠体必将累及冠主的社会形象。社会知名度与社会美誉度之间具有密切的辩证关系，有社会知名度的冠体未必就有社会美誉度，而具有一定社会美誉度的冠体只有不断提高其美誉度才能扩大其社会知名度，从而吸引冠主。

**（二）冠名的设计：协调、灵活**

除了选定合适的冠体外，还应注意设计恰当的冠名，这是冠名权运作的另一个重要环节。对具有社会知名度和美誉度的冠体，赋予恰当的冠名，将会迅速提升冠主的社会形象，达到理想的广告目的。所谓“恰当”的冠名，要点有二：一是注意冠名构成要素之间的匹配关联。不论何种类型企业参与冠名营销，都应着力做好自身品牌与冠体之间的过渡，只有从实质上建立起联系，才有可能获得成功。如果其间的过渡元素不足，即意味着关联度不够，则容易造成反面效果。如北京纽曼科技有限公司之所以能在 2006 CCTV“梦想中国”大奖赛冠名权的竞逐中最后胜出，是因为其秉承的“音乐成就梦想，数码改变生活”的产品设计理念与此次大赛“音乐成就梦想”的主题吻合。[①] 冠名协调与否，除了需要良好的策划和设计外，在冠体选取阶段就已经为冠名是否协调埋下了伏笔。二是要注意冠名设计的灵活性。由于各类冠体特点不一，因此冠名策划上难有固定的模式，而应当结合冠体本身的特点因地制宜，灵活设计，宜简则简，宜繁则繁，最大程度地开发冠名空间，展示给冠主具有竞争力的市场推广前景和广告投放收益。除此之外，还应注意冠名专名部分的截取应当能够凸现冠主的品牌，而不能淡化于其他主体，这主要是考虑到在现实生活中一个商号可能同时为多个不同行业的主体使用，比如“中华牌”，就有“中华牙膏”“中华铅笔”“中华香烟”“中华汽车”等与之相对应，甚至还可能被受众意指为更一般意义上的“中华民族”“中华人民共和国”等，所以如果仅以“中华”为专名加以冠名，显然无助于彰显冠主的特定品牌。

在冠名设计方面，既有大量的成功范例，也有令人遗憾的失败设计。譬如湖南省浏阳市有关部门和企业与解放军女足 2004 年赛事冠名权之间的合作就是一个值得称道的案例：浏阳方面以 180 万元的总价格获得球队 2004 年中国女足超级联赛浏阳神农山庄赛区主场经营权、2004 年解放军女足总冠名权及 2004 年解放军女足球衣胸前广告权和球服广告权。其中，浏阳市文体局获得主场经

① 晨曦：《纽曼携 CCTV！梦想中国战略合作启动》，载 IT 网：http://www.it.com.cn/f/market/063/30/252728.htm（本章参考网址的最后访问时间均为 2013 年 11 月 8 日，以下不再一一注明）。

营权,浏阳市城市建设集团公司获得2004年解放军女足总冠名权及2004年解放军女足球衣胸前广告权和球服广告权,浏阳神农山庄酒店获得主场赛区冠名权。在这一冠名权案例中,既有冠名权与赛区经营权的组合出让,也有不同冠体之间、总冠名权与分冠名权之间的优化分配,多个不同的冠主分别根据各自特点和实力认购相应的冠名权和经营权,不仅有利于冠名权的最佳组合,而且有利于实现冠名权运作的规模效应。① 而2003年第一届全国性文化节冠名权、特别协办权及性文化节“彩车广州行”广告权拍卖之所以全部流拍,据业内人士分析,其中最主要的原因是很多企业认为《冠名权使用协议》中对企业所获得的权益和服务的规定不够具体,没有细化,使企业犹豫不决。②

**(三) 冠主的确定:拍、定各相宜,拍卖行助力**

对于大多数冠体而言,冠名的出售可以采用拍卖的方式进行,这种方式有不少优点:一是可以使冠名的价值最大化地得到实现;二是交易过程透明公开,减少交易纠纷;三是冠名权拍卖事件本身就具有较强的广告效果。此外,对于一些公共冠体(如道桥)的冠名权交易,根据有关规定,必须采用拍卖形式,使国有资产保值增值。但对于某些冠体而言,由于自身的局限或特点,更适宜直接或间接地与有意向的厂商进行洽谈。定向洽商的最大优点在于便于找到与冠体风格匹配、协调的冠主,为冠名权的升值奠定较好的基础。在冠名权拍卖项目的运作当中,拍卖行或拍卖公司等服务机构的策划十分重要。拍卖机构在接手冠名权的项目雏形时,要善于根据项目的具体特点、市场状况、买家的购买需求和定位等要素,基于拍卖理论进行“再策划”③,做好新闻造势等前期准备工作,确定最佳拍卖方案,发挥画龙点睛的重要作用。

**(四) 多种广告形式综合为用**

虽然冠名广告本身具有独特的宣传效果,但其毕竟不能代替其他的广告形式,因此在策划冠名广告时应注意整合多种广告形式的综合运用,将品牌与媒介平台有机融合,采取多媒介互动整合传播方式,多方发力,有效配合,才能达到轰动的效果,将冠名的最大价值发挥出来,从而实现广告营销的规模效应。例如

---

① 杨帆:《浏阳180万元彩礼迎娶解放军女足获总冠名权》,载红网:http://sports.rednet.com.cn/Articles/2004/03/539576.htm。

② 商琦、李咏:《广州:性文化节百万元冠名权流拍》,载搜狐网:http://news.sohu.com/36/82/news214968236.shtml。

③ 北京哲诚拍卖学研究中心:“拍卖项目策划”,http://www.joychance.com/project.html。

蒙牛乳业在冠名赞助“超级女声”的同时，还为酸酸乳投放了近亿元的广告宣传费用，包括电视、广播、报纸、杂志、网络、户外等，配合终端的路演及促销活动，加之宣传海报和 DM 的投放，最终使蒙牛酸酸乳和“超级女声”的捆绑成为具有全国影响力的一次营销事件。①

## 二、冠名权运作的法律原则

冠名权的技术原则着眼于冠名权运作的可操作性和实施效果，侧重对冠名权当事人利益的考量；另一方面，冠名权运作还应遵循一定的法律原则，以维护公共利益和法律秩序。

冠名权虽然是一种私权利，但由于冠体本身通常具有显著的社会影响，尤其是公用事物的冠名往往关涉民众的日常生活秩序（交通、运输、邮政、通信等），如果任由物主毫无顾忌地出让冠名权，可能会引发公共秩序的紊乱，因此在开发冠名权“注意力经济”的同时，冠名权设立、变更、终止等变动程序和权利的行使必须遵循一定的法律规则，尤其是现代民商法的基本原则，如合法性原则、诚实信用原则、平等自愿原则、公序良俗原则、权利不得滥用原则等。上述原则在冠名权领域重点具化为以下四项。

### （一）合法性原则

冠名权的变动和行使，不得违背法律法规的强制性规定和禁止性规定。由于冠名的应用范围极广，所以涉及的法律法规众多，比如，地名冠名要根据民政部颁布的《地名管理条例》及《地名管理条例实施细则》的规定：不能用国家领导人的名字为建筑物冠名；各专业部门使用的具有地名意义的台、站、港、场等名称，一般应与当地地名统一；不得出现异地多名、一名多写；地名冠名应征得当地政府主管部门的同意；机关、部队、团体、企业、事业单位的公告、文件、证件、影视、商标、广告、牌匾、地图以及出版物等方面所用的地名，均应以正式公布的标准地名（包括规范化译名）为准，不得擅自更改。广告性质突出的冠名，除了要遵循《广告法》和《反不正当竞争法》之外，对于某些特定的部门规章也应严格遵守，如国家工商行政管理局 1996 年发布的《烟草广告管理暂行办法》第 8 条规定：“在各类临时性广告经营活动中，凡利用烟草经营者名称、烟草制品商标为活动

---

① 张虎林：《我们还要买冠名吗？——“总局令”后如何评估冠名价值》，载《广告导报》2005 年第 1 期。

冠名、冠杯的,不得通过广播、电视、电影、报纸、期刊发布带有冠名、冠杯内容的赛事、演出等广告。”但在实践中,烟草类广告通过冠名体育赛事等变相发布广告的非法现象并未得到有效的制止。① 随着控烟政策日趋严格,烟草冠名现象正遭到越来越强烈的批评,受到越来越严格的管制。例如,2013 年 10 月,继民间控烟人士抗议浙江中烟公司冠名赞助杭州集体婚庆活动实为非法烟草广告营销后,国家卫生和计划生育委员会主管的中国控烟协会也发声,公开致函杭州市工商局,呼吁杭州政府依法制止“西湖情大红鹰玫瑰婚典”。中国控烟协会称,“大红鹰”卷烟品牌注册商标和赞助方名称出现在宣传海报上,违反了已在我国生效的世卫组织《烟草控制框架公约》及我国《广告法》和《烟草广告管理暂行办法》的相关规定。②

**(二) 公序良俗原则**

公序良俗原则要求冠名权的设定、变更、终止和行使应遵循公共秩序和善良风俗,具体包括以下内容。

(1) 冠名应当规范,应采用符合国家语言文字规范要求的便于识别的名称。不得使用有碍正常社会秩序和有伤风化的名称作为冠名,如冠名中不得带有封建、殖民色彩或者污秽、恐怖或有损他人名誉的字眼;不得对冠体模糊冠名,不得在同一冠体上重复冠名,不得采用生僻、拗口的词语和无意义的外语谐音词,以免出现对冠体的不确切称谓。

(2) 冠名应当尊重历史和传统习惯,并尽量维持冠名的持久与稳定。针对不同的冠体应当规定相对固定的冠期,不得经常换名而影响社会秩序、浪费社会资源。③ 如果冠体被转让,也应比照“买卖不破租赁”之规则确立“买卖不破冠名”规则,以维护冠名的相对稳定,此点前文曾有论及,此不赘述。即使是冠主因破产、被撤销等事由而导致主体资格消灭,或是冠名的商品因产品违法而名称权消灭,为了公共秩序考虑,在新的命名实施之前,原冠名应保留一段时期,而不宜

---

① 《重庆烟草冠名嫘祖中秋祭颂》,载中国烟草网:http://www.tobaccochina.com/news/data/20049/h_3442364_921163113.htm;《红河实业正式冠名 2007 年世界斯诺克中国公开赛》,http://www.sports.cn/sports/news/speed/2007-03-21/1080212.html。

② 魏铭言:《呼吁制止烟企冠名集体婚典》,载新京报网:http://www.bjnews.com.cn/news/2013/10/05/286168.html。

③ 据悉,原无锡县 1995 年更名为锡山市(现无锡市锡山区和惠山区)后,光其更换有关图章、印鉴、印刷品的直接损失即达近千万元人民币。参见周健、江寄鸥:《路名商品化中的法律问题研究——欧德力路冠名权转让法律问题研讨会综述》,载《法学》1996 年第 12 期。

立即取消，以便使公众对冠名的变更有一个认知的过渡时期。

当然，各种冠体的冠期设定不可能整齐划一，比如道路、桥梁、隧道、广场等不动产之上的同一冠名权一般在 10 年以上，列车、航班、轮渡等大宗动产的冠名一般在 2 年以上，比赛则视赛期长短和数次而定，如全国足球联赛应保持整个赛季的冠名，而一次性的比赛只对该次比赛作冠名限制即可，但在赛期内也要保持冠名的连续性。

(3) 对于需要冠名的公共事物，原则上应当是新建、改建而无名的公园、广场、道路、桥梁等建筑物或构筑物，或者是原来地名、建筑名不符合城市品位而改名的，而对于那些已经具有一定历史意义和社会影响的地名、建筑名等则不宜再行冠名。①

(4) 冠名应与冠体具有较为密切的联系。譬如某企业冠名某道路，该道路原则上应位于企业住所地门前，或者是紧邻，而不宜相距太远，以免误导行人，给当地交通秩序带来混乱。

当然对于各类冠名，人们的认知情况不同，可能有不同的看法，但冠名应符合社会经济发展的总体趋势，所谓公序良俗也应当是一个与时俱进的原则。②

**(三) 公开、公平、公正原则**

牵涉公共建筑和场地的冠名权出让应通过招标或拍卖方式进行，使交易过程公开、公平、公正，以免出现冠名权转让中的“暗箱操作”和“权力寻租”。即使是非公有事物的冠名权出让，参与交易的双方也应当将冠名情况及时、准确、全面地向社会公布，必要时还要经过市政管理部门登记，从而有利于对公共冠名的监督，也便于社会公众对冠体和冠名取得统一认知。对于比较重要的建筑、场地或公共交通工具的冠名，有关市政机关和运营部门有必要举行听证会、市民恳谈会之类的交流活动，在实施冠名过程中尽量做到冠主、物主与公众三方利益的平衡。③ 正如美国北卡罗来那州大学法学院 Ann Bartow 教授所言：“(公共资源)冠名的用语和场合都应获得合理的一致同意，有权冠名或重新冠名的个人或实

---

① 刘正华：《有偿使用冠名权的基本要求》，载《中国民政》，2004 年第 1 期。

② 对于部分高校中曾出现的“冠名教席”，有人持赞成态度，也有人持批判态度。参见单义平：《荒唐至极的“教授冠名权”》，载《当代经济》2001 年第 2 期。

③ 如南京地铁站冠名权问题引发争议，参见高学军：《南京地铁站“蒙羞”冠名拍卖?》，载《江南时报》2005 年 12 月 7 日第四版。类似争议见叶静：《武汉发文倡行地名有偿化，名字换银子引发争议》，载《中国经济周刊》2006 年 第 45 期。

体都应予以公示,以防止冠名权运作中那些居于支配地位的公司和个人滥用本应属于公共资产的冠名权,这样才能更好地型塑我们的文化地理。"①

**(四) 诚实信用原则**

诚实信用原则要求冠主和物主在签订和履行冠名权转让合同中秉持诚实守信、不欺不诈的基本准则,同时也要求冠主通过诚实劳动和精心管理,竭力提升产品和服务质量,勇于承担社会责任,维护企业信誉,赢得公众信赖,以维持冠名的积极社会影响。如果冠名企业制假造假,偷税漏税,声誉不佳,势必给冠体造成消极影响。

以上各项原则是对冠名权运作中的一般性原则的简要概括,而不同领域的个别冠名权还应制定相应的具体规则。譬如,目前一些地方政府及主管部门已就地名等公共资源的冠名制定了相应的法律规范。此外,对于体育类冠名、教育类冠名、节会类冠名等也逐步出台规范意见。市场经济越发达,思想观念越开放,冠名权现象就越多见,产生的效益也越可观。大力开发冠名权空间,对于拓展营销渠道、激活文化产业、盘活无形资产、繁荣市场经济具有多方面的积极意义,同时,也应注意防范冠名带来的消极社会影响。在继续推广冠名权的运作理念和经验的基础上,应当针对不同的冠体,进一步细化和明确冠名权运作的法律规范,使之逐步走上有序、有效的良性发展之路。以下两节分别选取对公共利益和公共秩序影响较大的广播电视节目冠名和地名有偿冠名进行分析,从而在微观层面上探析冠名权运作中私益与公益之间的磨合,并提出相应的法律规制意见。

# 第二节 广播电视节目冠名及其法律规制

## 一、广播电视节目冠名的形式与特点

在林林总总的冠名载体中,广播电视节目具有视听形象丰富、传真度高、覆盖面广、传播效果好等其他介质难以媲美的诸多优势,因而具有更大的吸引力和突出的广告效果。例如由湖南卫视主办、蒙牛乳业集团冠名播出的"蒙牛酸酸乳

---

① Ann Bartow, *Trademarks of Privilege: Naming Rights and the Physical Public Domain*, 40 U.C. Davis L. Rev. 919.

杯超级女声大奖赛”成功地在全国掀起一股娱乐风暴，冠名与被冠名双方均取得了可观的经济和社会效益，成为近年来电视媒体与赞助商合作共赢的典型案例。在当下常规广播电视广告泛滥、受众感官情绪疲倦的情况下，节目赞助冠名形式已经成为一种相对优化的广告创新形式，它可以在一定程度上弱化广告的功利目的，降低广告的冗余效应，使受众在收听、收看广播电视节目的同时逐渐认同冠名商的企业文化和品牌形象，从而达到出奇制胜的广告效果。有业内人士总结指出，冠名广告具有如下显著功能：新产品推出市场之催化作用、企业精神（产品特质）与活动特性之配合作用、定期活动连续冠名之强化作用。① 企业选择有内涵有品牌的栏目冠名，可以使企业品牌与栏目品牌交相辉映、相得益彰。如数码品牌“爱国者”2006 年独家冠名中央电视台《我的长征》大型电视节目，寓意以爱国者的名义重走现代的新长征路，又把振兴民族企业、打造令国人骄傲的国际品牌作为新的科技创业的长征，给《我的长征》这一节目题材增添许多鲜亮的时代色彩。

有调查研究表明，“节目冠名”等产品涉入的广告手段对于加深品牌认知有具体效果。对于某著名饮料冠名的电视节目的调查显示，虽然有近六成的人不认为这是特别“有趣”的安排，但高达 80％～90％的人表示“冠名”的做法的确对建立“产品知名度”有帮助，让他们更记得该产品。另外，某些常规硬广告对于产品品牌的回溯效果十分明显，即便在起点已经很高的状况下，非常规广告（影视节目中的产品涉入、节目冠名、观众方阵与广告衫）加上常规硬广告的做法，明显可以提升产品品牌的回忆程度。冠名加常规硬广告则有相乘的广告效果，当产品信息既透过冠名又透过常规广告呈现在观众面前，观众更容易留意到该产品品牌。②

广播电视节目冠名形式多样，设置灵活，较之常规的广告形式可以更为突出地彰显广告主的品牌形象。在节目冠名的表现形式上，大致有以下几类。

**（一）常规节目冠名**

这是应用最为普遍的一种冠名形式，即按照广播电视节目的不同类型设置冠名。按照节目冠名表达方式的不同，有“××剧场”“××直通车”“××具名播出”“××特约播映”“××独家/联合赞助播出”“××提醒您收看”等各种不同的

① 胡锦汉：《冠名广告分析》，载《广告大观》1999 年第 5 期。

② 实力传媒：《电视节目冠名效果研究报告》，2001 年。

冠名形式。按照冠名出现的时间，有的是片头冠名，如“本节目由××特约播出”，然后伴之以广告短片，有的采用通体冠名，如电视剧播出过程中在荧屏上出现“××剧场”等字样，有的采用片尾冠名，如鸣谢播出、“××提醒您收看下集”等，更多的则是多种冠名形式和冠名机会综合为用，发挥集成效应。以凤凰卫视为例，旗下设置的众多栏目、节目几乎被众多商业公司“瓜分殆尽”，如“汇源凤凰气象站”“全球通凤凰快报”“昆仑润滑油特约之鲁豫有约”等，从而将电视节目冠名效应发挥得淋漓尽致。更为甚者，凤凰卫视还能根据企业的品牌理念为其量身定做某些冠名栏目，如海王集团冠名的“健康成就未来”、2005 年红金龙集团冠名的“思想力行动力”等。

2011 年 10 月 11 日，广电总局下发《关于进一步加强广播电视广告播出管理的通知》，11 月 28 日，其又下发《〈广播电视广告播出管理办法〉的补充规定》，决定自 2012 年 1 月 1 日起，全国各电视台在播出电视剧时，每集电视剧中间不得再以任何形式插播广告。这对电视广告提出了更为严厉的限制，而冠名广告则可为之提供较为可行的广告空间，如“××剧场”即是把节目名称附带冠名广告一起呈现，较之硬广告具有更强的渗透性和可行性。

### （二）整点报时冠名

这是一种比较特殊的节目冠名，在广播中广泛应用，有整点、半点或间隔若干时段报时冠名，多采用“××提醒您准确对时”的形式。由于报时具有很强的公益性，因此关注程度较高，最为抢眼的莫过于央视一套 19 点《新闻联播》之前的冠名报时。除此之外，在一般整点报时的基础上结合重大电视题材节目推出的报时冠名更是效果非凡，如“春节联欢晚会报时冠名”等。

### （三）隐性冠名

隐性冠名是指在制作播出的影视节目中将赞助商的广告连同影视剧目一起播出，或在剧情中揉入赞助商名称、商标等形成“软广告”，例如 20 世纪 90 年代初热播的电视剧《编辑部的故事》就采用了此类隐性冠名赞助形式。[①]

尽管冠名形式多样，但广播电视节目冠名一般都具有以下特点，使其能够较之常规的广播电视广告达到独特的广告效果。

一是结构形式的依附性。节目冠名将企业品牌与具有一定知名度和收视率

---

① 魏永征、李丹林主编：《影视法导论——电影电视节目制作人须知》，复旦大学出版社 2005 年版，第 169 页。

的栏目、节目进行捆绑、嫁接，使企业品牌依附于名牌栏目、精彩节目，并借助冠名节目将广告意图传达给受众，从而使得这种广告的结构形式不同于常规广告（后者具有更强的独立性）。当然冠名广告的这种依附性也是相对而言的，比如有的节目冠名仅仅是在片头加以简要的提示，实际上与常规广告没有明显的差异。尽管如此，从广告效果来看，依附于知名栏目、节目而发布的冠名广告通常具有更高的收视率，当然广告费用也比一般的电视广告要高。

二是传播内涵的渗透性。企业长期冠名某一节目，企业形象和企业文化会逐渐对节目本身的运作风格和受众情绪产生一种认知叠加效应，使企业与栏目之间的冠名从文字上的语言连接演绎为认知上的心灵链接和一种潜移默化的认同链接，观众在接受这个栏目的同时也接受了这个企业。“企业作为冠名赞助商的影响不仅仅限于栏目名称本身，因为企业在作为冠名商的同时，也在以自己的企业文化和企业形象对观众之于栏目的风格形象的印象起到潜移默化的影响。”①因此对企业来讲，选择冠名栏目要注重挑选宣传宗旨与企业的主业、经营理念和品牌形象相符的重点栏目，对于节目编辑而言也是如此，相悖则不伦不类，相符才相得益彰。

## 二、广播电视节目冠名的法律规制

广播电视节目冠名尤其是电视节目冠名自被开发以来，发展迅猛，运作广泛，成为广告业中的一朵奇葩，但与此同时，一些广播电台、电视台在发布广告包括冠名广告的过程中出现了单纯追求经济利益而无视公序良俗的不良现象。为此，国家广电总局先后颁布了若干行政规章和其他行政规范性文件加以规制，主要包括 2003 年发布的《广播电视广告播放管理暂行办法》（广电总局令第 17 号，以下简称“17 号令”）、2004 年《进一步加强广播电视广告内容管理的通知》（广发社字〔2004〕921 号，以下简称“2004 年通知”）以及 2005 年《关于禁止播出虚假违法广告和电视“挂角广告”、游动字幕广告的通知》（以下简称“2005 年通知”），其中涉及冠名广告的主要有以下内容，此处作一概括分析。

### （一）对被冠名节目类型和冠名形式的限制

根据广电总局 2005 年通知的要求，禁止将时政新闻节目及同类栏目以企业或产品冠名。原则上讲，各类广播电视节目均可进行冠名播出，但鉴于时政新闻

① 《凤凰卫视冠名：让品牌凤舞九天的捷径》，载《信息产业报道》2006 年第 1 期。

具有鲜明的政策导向性和重要的社会影响力，为了维护新闻报导的严肃性和准确性，这类广播电视节目不宜采用商业冠名，这也是海内外广播电视节目运作的通例。大兴节目冠名之风的香港凤凰卫视，其名牌时政新闻节目“时事直通车”虽然子栏目“时事点评”版允许企业（如美的集团）冠名，但“时事直通车”本身却一直保留着不轻易冠名的惯例。然而，对于上述2005年通知中“同类栏目”的范围该如何解释，“同类”是专指时政新闻节目类还是也涵盖其他新闻节目如社会新闻、娱乐新闻、体育新闻、财经新闻，目前尚无明确说法。笔者认为，考虑到时政新闻与其他新闻题材的不同特点，这里的“同类”应仅限于时政类新闻节目/栏目，而不应将限制范围扩大到其他方面，因为社会新闻、娱乐新闻、财经新闻等虽也有新闻之名，但这些消息内容与政治类题材的庄重性、严肃性相比还是有一定的区别，尤其是社会趣闻、娱乐圈八卦新闻本身就具有开阔视野、满足受众猎奇之心乃至调侃、幽默的意味，故对这些新闻栏目进行商业冠名无伤大雅。但一些类新闻性节目和重大政治社会活动的专题节目，如全国“两会”报道、奥运会开幕式等特别节目，以及重要新闻评论栏目如央视“焦点访谈”等，则不宜商业冠名。

根据相关规定，对于冠名表现形式的法律限制主要有如下方面：①播出以企业或产品冠名的节目、栏目（包括“剧场”等），其冠名一律不得含有经营服务范围、项目、产品功能、联系方式、形象代言人等文字和图像；②电视台播放广告时不得隐匿本台（频道）标志，播放以企业或产品冠名的节目、栏目时，企业或产品的标志只能出现在屏幕的右下方，数量不得超过1个，标志画面不得大于本台（频道）标志，不得遮盖正常节目的字幕；③禁止播出单一的企业、产品标志等“挂角广告”；④在播出冠名节目、栏目时，企业或产品冠名的字数不得超过5个，企业或产品标志不得翻滚变化，不得大于90×60像素。[①]

**（二）对特殊冠名商的限制**

虽然广播电视节目冠名具有显著的经济效益，但也并不是说唯利是图、金钱至上，对于一些不适宜冠名的企业或产品的冠名要约应当坚决予以拒绝。2005年通知中第4项明确规定，播出以企业或产品冠名的节目、栏目时，冠名节目、栏目的名称应积极健康，电视节目、栏目不得以治疗肝病、性病、皮肤病、艾滋病、肿瘤、癫痫、痔疮、脚气、生殖系统和泌尿系统疾病等专业医疗机构和直接体现治疗

---

① 参见《关于禁止播出虚假违法广告和电视“挂角广告”、游动字幕广告的通知》（广发社字〔2005〕547号）。

上述疾病的药品冠名。对这类医疗类冠名商进行冠名限制是非常必要的，因为这类冠名长期附着于被冠名节目、栏目常常导致受众的不良感官反应，上述限制有利于保障受众良好的视听感受，应当将该制度从行业通知进一步上升到行政规章乃至更高的法律层次予以强化。

此外，另一类较为敏感的冠名商就是烟草公司。烟草广告普遍被列为特种广告而受到各国广告法及世界卫生组织《烟草控制框架公约》的严格规制。如我国1994年颁布的《广告法》明确规定禁止利用广播、电影、电视、报纸、期刊发布烟草广告，禁止在各类等候地、影剧院、会议厅堂、体育比赛场馆等公共场所设置烟草广告。为了规避法律风险，烟草商转而选择各种隐性渠道进行广告宣传，如赠品促销、活动赞助、品牌专卖、周年庆典等。① 因此广播电视节目冠名成为不少烟草商一条重要的广告渠道，如宁波大红鹰烟草集团除了大张旗鼓地通过各种媒体宣传其"大红鹰，胜利之鹰"的企业文化之外，还在凤凰卫视、天津电视台等多家电视台节目中高调亮相，冠名播出"大红鹰剧场"，其他烟草公司也不乏类似的举动。

对于烟草冠名广告，国家工商行政管理局1996年颁布实施的《烟草广告管理暂行办法》曾对《广告法》中的法律漏洞作了补充规定：禁止利用广播、电视、电影节目以及报纸、期刊的文章，变相发布烟草广告；其他商品、服务名称及服务项目名称与烟草制品商标名称相同的，该商品、服务的广告必须以易于辨认的方式，明确表示商品名称、服务种类，不得含有该商品、服务与烟草制品有关的标识。但是何为"变相发布烟草广告"，行政主管部门在执法中并不容易准确定性，因为这类广告通常以公益赞助的名义出现，使得违法性质的认定存在难度，此外也与烟草公司的多元化经营有关。

在国外，2005年加拿大魁北克上诉法院推翻了限制烟草公司赞助体育赛事、节假日活动的禁令，但同时保留了某些限制，即尽管烟草公司可以冠名赞助体育赛事，但具体的烟草品牌不可以进行冠名。② 国内监管部门对此也持类似态度（或受其影响）。笔者认为，烟草公司采取广播电视节目冠名、体育赞助等隐性形式进行广告宣传的现象，虽然在客观上可以使得被冠名方获得有效的资金

---

① 陆如山、胡世平：《WHO 呼吁停止烟草对妇女和儿童的危害》，载《国外医学情报》2000年第2期。

② 路易：《加拿大纠正禁烟令，烟草公司冠名 F1 大奖赛不违法》，载新浪网：http://sports.sina.com.cn/f1/2005-08-25/09241736437.shtml。

支持,双方都能获得显著的经济效益,但却无视乃至损害了社会效益,因为这类烟草隐性广告实质上与显性广告差别无几,一些烟草广告虽然以集团公司的名义出现,但都带有明显的香烟品牌特征或暗示,而且由于电视节目冠名具有某些突出的优势,烟草冠名节目广告的社会危害性更大,无论是对成年烟民还是对未成年人而言都具有不可估量的蛊惑作用。在世界范围内,对于烟草广告的规制愈加严厉,我国也于 2005 年 10 月加入了世界卫生组织《烟草控制框架公约》,根据该公约的规定,各缔约国将对烟草价格、包装、销售、广告等制定更为严格的限制政策,缔约国生效 5 年内,应广泛禁止所有形式的烟草广告、促销和赞助,尤其要防止国外烟草巨头在其本国广告营销计划遭遇法律壁垒的客观情势下移师中国市场。因此,必须对烟草广告尤其是其广播电视节目冠名广告严加管制。一方面,广播电台、电视台及广告代理公司在涉及烟草公司冠名的问题上,应当遵从基本的职业伦理和法律规范,加强行业自律意识,逐步取消乃至最终消除烟草商冠名广告;另一方面,行业主管部门对于烟草冠名节目的"灰色地带"应重点加强监测和管理,防止违法违规冠名广告的出现和传播。

广播电视节目冠名广告作为广告创新的一种重要形式,对于资助广电事业运营、改善广告效果、提升企业形象等都发挥了显著作用。与此同时,由于"广告不仅仅是经济现象的反映,也是意识形态的产物,具有政策性、思想性和民族性"①,广告宣传涉及政治、经济、思想、文化等社会各个领域,影响着人们的思想、道德、行为,与公共利益、公序良俗有重大关系,因此在实现和扩张企业冠名权的同时,必须加强对节目冠名广告的法律规制。

## 第三节　地名有偿冠名及其法律规制

近年来,各地城市经营风起云涌,地名有偿冠名层出不穷,社会舆论褒贬不一,国家政策欲语未明,地方政府各行其道:有的积极提倡,谨慎推行,如天津、重庆、贵州、四川等省市及济南、南京、青岛、铜陵、无锡、绍兴等地;有的明确禁止,如深圳等地;有的先行后禁,如上海、合肥、兰州等地;还有的欲行又止,举棋未

① 杨同庆:《论广告监督管理的必然性》,载丁俊杰、董立津主编:《和谐与冲突:广告传播中的社会问题与出路》,中国传媒大学出版社 2006 年版,第 3 页。

定。以武汉市为例，武汉市人民政府办公厅2006年颁布的《关于进一步加强全市地名管理工作的通知》（武政办〔2006〕179号）中第6项明确规定“实行地名有偿命名，拓宽地名管理经费渠道”，该消息甫一发布即引起社会各界针对城市道路有偿冠名的激烈争论，并延伸至报刊、网络乃至广播电视节目的深度报道和深入讨论。[①] 而2008年12月31日颁布的《武汉市地名管理办法》中虽未明确将上述有偿冠名政策纳入其中，但上述武政办〔2006〕179号文仍属有效，因而并未排除地名有偿冠名的政策空间。

其实，地名有偿冠名政策在国内其他城市推行已久，并常常伴随争议，远至20世纪90年代上海欧德力路的冠名权转让风波，近至北京奥运会场馆“鸟巢”“水立方”冠名权造势终止[②]，几乎每个地方、每次地名冠名政策的出台都会引发一轮热议，而地名冠名政策非但没有销声匿迹，反而此消彼长，时时拨动公众敏感的神经，说明人们对这一问题远未达成共识，尤其是在政策取向与公众认同之间存在明显分歧，实有继续研讨之必要。毋庸讳言，地名有偿冠名问题尽管一再成为公共话题，但截至目前关于这一问题的深入讨论并不充分。本书拟从法学视角聚焦这一社会问题，对比参照国外尤其是美国、加拿大等地相关问题的立法和实际运作状况，针对目前我国地名有偿冠名过程中出现的若干争议问题展开剖析，并在此基础上提出相应建议。

## 一、地名有偿冠名的含义、特征与利弊

地名有偿冠名是一种较为特殊的地名命名方式，它是指由自然人、商事公司或其他组织以自己的姓名、名称、商标等名号冠名于特定地名的行为和结果，冠名方因此获得对该地名的冠名权。一般是由冠名人从地名管理机关通过竞拍或其他方式获得，这种情况下的地名冠名有偿性较为明确；也有的是冠名人通过捐赠或其他方式从特定建筑物、构筑物等的所有人手中获得拟命名地名的冠名权，然后报当地地名管理机关审批备案。例如，青岛海尔集团在青岛市、重庆市、遵义市、胶州市等多个城市冠名“海尔路”或“海尔大道”，甚至伴随其海外业务的拓

---

① 黄蓓蕾：《武汉城市地名拍卖冠名权争议》，载网易网：http://news.163.com/06/1106/08/2V7UOGK400011SM9.html；齐鲁电视台：《齐鲁开讲——向企业拍卖街道冠名权好不好?》，载新浪网：http://news.sina.com.cn/c/2006-12-13/002411771110.shtml。

② 新华社讯：《鸟巢水立方去年运营收入5亿，不再出售冠名权》，载腾讯网：http://news.qq.com/a/20100306/000030.htm。

展,还获得了国外道路的冠名权。① 类似的地名冠名现象还有很多:路名有偿冠名如南京市的"雨润路""西门子路""菲尼克斯路""金箔路"等;桥名有偿冠名如北京的"四通桥"、云南的"红河大桥"等;其他还有广场冠名、隧道冠名等。随着"地名经济"的升温,近年来许多地方陆续推出了地名有偿冠名办法,以促进地名有偿冠名的规范运作。虽然在实践中地名有偿冠名的政策导向不一,运作方式也不尽相同,但从总体上来看,地名有偿冠名本身具有以下几个方面的共性特征。

首先,地名有偿冠名是一种逆向的地名资源商业开发方式。言其"逆向",是因为在地名资源开发运作实践中,一般先考虑将具有特定指称意义的地名开发设计成商标、商号、地理标记等②,如"红旗渠香烟""龙井茶""金华火腿""衡水老白干"等,让地名中蕴含的地理文化要素"浮出地表"与特定的商品或服务项目名称相结合,以提高或维持其在目标消费群体中的知名度和信誉度。与之相反,地名有偿冠名则是将外来资本"吸附"于地名并固化为新的地名,如前面谈到的"四通桥"等。之所以有此差异,根本原因在于二者开发的资源对象有别,前者是业已形成的地名本身具有开发价值,甚至因此引发利益之争③,而后者则是将未正式命名或需冠名的道路当作广告载体进行开发和利用。从相同点上来看,二者均是将处于"沉睡"状态的地名资源"唤醒",变现其中蕴涵的经济价值。值得注意的是,有的媒体在报道中未能分清"冠名"与地理标记,以至于使人们对冠名或冠名权的含义产生误解。④

其次,地名有偿冠名具有较强的商业性,与纪念性质的地名冠名有所不同。地名有偿冠名通常采取地名冠名权拍卖或者企业申请冠名等方式进行,如云南红河集团以 619 万元竞拍获得了"红河大桥"的冠名权。这种意义上的地名冠名方式具有鲜明的商业交易性。而纪念性质的荣誉冠名,如邵逸夫在各地高校捐建的"逸夫楼""逸夫图书馆"及李嘉诚捐建的"香港大学李嘉诚医学院"等,则具有较强的公益性。需要注意的是,人名冠名又不同于路名纪念命名,后者如美国

---

① 董盟君:《美国有了"海尔路"》,载人民网:http://www.people.com.cn/GB/jinji/33/172/20010409/436205.html。

② 郭富青、孙昊亮:《地名资源商业化开发的法律秩序研究》,载《法律科学》2006 年第 2 期。

③ 如北京著名商业街之一的秀水街屡被商户申请注册商标,引发关注。参见朱鹰:《秀水商标到底该归谁?》,载新浪网:http://news.sina.com.cn/s/2004-07-23/07053178321s.shtm。

④ 新华社讯:《浙江保护龙井茶冠名权,外地茶冠名龙井均违法》,载新浪网:http://news.sina.com.cn/c/2010-02-21/020517103283s.shtml。

一些城市的“马丁路德金路”，北京的“张自忠路”，上海的“晋元中学”“晋元路”，均属借助他人名号而作纪念。当然，地名冠名的商业性与公益性的区分只是相对而言的，在很多情况下二者常常融合为一，比如诸多高校周年庆时常常明码标价推介针对校园道路、建筑等的冠名捐赠的细目，这种名为公益实为融资的运作方式已经很难分清二者的边界了。

再次，地名有偿冠名实际上也是冠名权运作在地名领域的一种具体表现。冠名作为一种特殊的广告宣传形式，已然成为一种普遍存在的社会经济现象，除了本书研讨的地名冠名之外，冠名权运作还广泛存在于体育、节事、节目、教育等众多领域。地名冠名是冠名中的一种，具有与其他冠名类似的特质，是冠名方借助其他载体拓展自身名号、张扬主体人格的一种植入式的广告形式。类似的冠名还有很多，如“春兰杯”世界职业围棋锦标赛、央视一套“纳爱斯剧场”、北京大学“汇丰商学院”、济南至日照 N479/N480 次“御青茗茶”号旅游列车①等，地名冠名与此雷同。

最后，由于地名构成要素的复合性和涉他性，使得地名有偿冠名不同于常规的地名命名。常规的地名命名，如“人民广场”，由前项“人民”和后项“广场”组成，“人民”显然是一种泛指，公众一般难以将其与某一特定商业机构联系起来，而“海尔大道”这一冠名路名中的“海尔”则显然指称一个特定的商事公司，从而使冠名商获得隐性持久的宣传效果。这种“另类”的地名命名方式呈现出两个不同但又紧密相关的维度：一方面，冠名人（一般为商事公司）通过支付冠名费用而取得对特定路名的冠名权，与地政管理方形成一种相对的内部互惠交易关系；另一方面，路政管理机关在地名有偿冠名中仍然行使着地名行政管理职权，必须遵循地名命名固有的基本规则和操作程序，是一种公权力行使的关系。但是，地名冠名还牵涉当地居民和其他组织、机构的交通、通信等基本生活秩序，故路名冠名应当对公众利益和公共秩序予以充分考量，这就使得地名冠名超越了冠名方与被冠名方的二元协约结构，而形成一种政府管理者、冠名商、利益攸关方（如同街的其他企业）以及公众立场之间的多元博弈格局，因此必须认真对待，谨慎推进。

---

① 据报道，早在 2003 年，济南客运分公司所辖的 18.5 对旅客列车，已有 80%获得冠名。参见山东广播网讯：《济南至北京 2598(2597)次列车冠名为“三角号”》，载山东广播网：http://www.sdgb.cn/61837.aspx。

客观而论,地名有偿冠名之所以能够在国内外诸多地方得到推广,并呈攀升之势,是因为其本身的确具有一些独特的功用。

一方面,地名有偿冠名迎合了"城市经营"的政策导向,满足了市政部门的融资需求。城市道路、桥梁、广场、公共馆所等基础设施的建造、绿化、清洁、维修、扩建等都是市政建设中持续性的巨大投资,单靠政府有时资金乏力,尤其在经济欠发达地区此问题更为突出。在这种情况下,适时借鉴国外"城市经营"的管理理念和措施,适当引入民间投资,助力公用事业的运营,不失为发展城市的一个新思路。冠名权作为城市自然资本和人力作用资本的延伸,将广告主扩张宣传阵地的广告诉求与政府盘活城市无形资产的资本需求紧密结合,实现了城市固有资本的增值,无疑是"城市经营"理念的具体体现。① 因此,城市建筑物、构筑物、生长物(如树木)乃至节庆日的冠名权运作日益受到城市经营管理者的青睐,其中就包括地名冠名权的出让。例如,吴江市通过出售经济开发区三路一桥的冠名权,使当地政府筹得资金,除此之外,当地政府希望通过出售路桥冠名权表达政府对企业的服务态度,形成良好的招商氛围。②

另一方面,地名有偿冠名是冠名企业的一种独特的广告营销方式,将会显著提升企业的社会知名度,强化其在消费者心目中的认同效果。地名有偿冠名具有一些独特的广告效果:一是地名多与大众的日常生活密切相关,具有较高的社会知名度,标志性建筑物、构筑物的地名更是备受广告主的青睐,例如,"红河大桥"冠名前同时有 8 家企业争夺这座连续钢构世界第一高桥的冠名权;二是冠名形式独特,重现率高,路名冠名渗透到沿路企业、居民的通信地址等,"言必称冠名",形成潜移默化而又持久的广告效果,故受到冠名企业的追捧。

不过,地名冠名在给相关方面带来显著效益的同时,也伴生出一些不容忽视的负面效应。

首先,地名不仅涉及路政管理机关的融资利益和冠主的广告收益,还牵涉社会公众利益。地名的命名和更改涉及社会交往、工商注册、门牌号码编制、户籍管理、治安管理、邮电通信、产权登记、城市地图以及相关出版物等的更新问题,这些都与人们日常生活息息相关,因此不少人对于地名冠名尤其是商业冠名顾

---

① 需要指出的是,目前一些地方的确存在着借"城市经营"之名行权力寻租之实,这与合法合理的城市资源开发利用是有本质区别的。

② 林颖等:《吴江企业热购路桥冠名》,载新浪网:http://news.sina.com.cn/s/2002-12-25/132321845s.shtml。

虑重重，其中最为突出的问题就是担心地名随意以企业名称冠名容易造成地名秩序的紊乱，增加社会运行的成本和负担。例如，如果企业倒闭导致路名在短期内更换，势必给当地通信、交通等带来一些不便。①

其次，商业冠名可能破坏地名中蕴含的传统文化内涵。地名不仅是一种地理符号，也是一种社会文化现象。地名通常具有强烈的延续性和稳定性，因而能够比较完整地保留命名时所反映的文化内涵，是人类文化史的活化石。地名反映了一定的宗族观念、商业活动、民族融合、社会意识、政治观念、求雅心理以及宗教信仰等文化价值。②城市地名是城市文化的载体，城市的地名包含自然、人文、经济、社会、政治等一系列元素，反映了城市的精神风貌。因此，有学者认为，如果仅仅考虑其中的经济元素，并且把经济元素等同于眼前利益，让少数企业名称变成城市街道的名称，那么其他方面的元素价值就会大打折扣。③ 针对武汉市政府办公厅发布的有关推行地名有偿冠名的政策，有人戏称："武汉以后干脆就叫可口可乐市算了！"

再者，冠名机会的公平配置及其他企业的利益关切问题也随之而来。既然地名冠名是一项公关资源，那么如果允许有偿冠名，又该如何公平地分配冠名机会呢？面对众多竞逐冠名的企业，是采用多数地方推行的冠名权拍卖制，按照出价高低来决定冠名权的归属，还是采取其他更为合理的方式？即使确定了企业冠名，对于未能冠名的同一街道的其他居民和企业尤其是同业竞争企业，是否有不公平竞争之嫌呢？一条道路以某企业命名，则这条路所在区域的居民和其他企业随时都有可能被迫为这家企业作"免费广告"。此外，允许地方政府通过出让冠名换取资金来改善城市道路等公共设施，难免存在地方政府推卸市政建设应有职责之嫌。

上述针对地名有偿冠名的担忧或质疑，是每个市政管理者推行地名有偿冠名政策之际都必须认真面对的现实问题。同时，这些问题促使我们深入思考：为什么有的地方对于地名有偿冠名先立后废，而更多的地方仍屡屡推出地名有偿冠名政策；地名有偿冠名究竟是畸形的权力经济还是城市资源的正当利用；如果这种资源可以合理地开发利用，应当如何加以必要的规制。

---

① 王研：《城市地名不能说卖就卖》，载中国网：http://www.china.com.cn/review/txt/2006-12/02/content_7447277.htm。

② 张晓涛：《地名中的文化现象浅议》，载《哈尔滨商业大学学报》2004 年第 5 期。

③ 乔新生：《地名承载着一个城市的'市格'》，载《决策》2006 年第 11 期，第 53 页。

## 二、地名有偿冠名的规制意见

针对地名有偿冠名中出现的意见分歧和现实疑难,本书认为,应当综合考量利弊因素,谨慎客观地作出决策。和许多问题一样,对于地名冠名问题也不能"一刀切"——要么全面禁止、要么全面放开,而应该妥适地协调和平衡冠名权安排中政府、冠名方与社会公众各方之间的私益与公序、效益与公平的冲突,在谨慎开发地名冠名经济的同时最大程度地降低由此带来的负面效应。

### (一) 应否推行地名冠名应视各地经济状况和社会认同程度而定

从根本上来讲,是否推行地名有偿冠名、应不应当实行地名有偿冠名,应当根据当地的财政、经济状况以及当地民众的接受程度进行综合判断。冠名虽然具有一系列特质和优点,但其毕竟是一种隐性的广告行为,会给公共秩序和公众情绪带来一定消极影响,因此如果地方财政充裕,完全不必出让冠名权。譬如,上海市曾经是全国较早推行地名有偿冠名的地方,后来考虑到冠名带来的一些负面影响,加之地方财政比较充裕,故早在20世纪90年代末就已不再推行地名有偿冠名。然而,我们注意到,现今较多地推出地名有偿冠名政策的不是广大农村,而是城市地区,不仅有经济欠发达的城市,也有经济较为发达的城市,这说明对于地名有偿冠名这块"肥肉",即使财政较为宽裕的地市也不忍致其"资源浪费",而倾向于将其做大做强,实现城市经营效益的最大化。笔者认为,形成上述现象的推动力有二:第一,越是经济发达、市井繁华之地,地名冠名权对冠主越有吸引力,越能给当地政府和冠名企业带来更多的效益,地名有偿冠名权的潜在价值也越能得到变现;第二,越是市场经济发达的地方,商品经济观念越能深入人心,地名有偿冠名越能得到更好地开发和推行。由此可见,推行地名有偿冠名不仅在于是否"缺银子",更在于是否"缺观念",是否具备社会认同意识。

实践表明,因地制宜、合法有序地推行地名有偿冠名,足以产生良好的社会效益和经济效益。如青岛市在2003年将包括青岛市海豚表演馆、音乐广场、福宁路立交桥、延安路高架桥、南京路立交桥等在内的24个城建项目的冠名权予以拍卖,共拍出7 132.7万元的高价。经历特大地震的四川省2008年在全省20多个县(市、区)引入市场运作手段,对新建道路、桥梁、广场等地名进行了有偿命名,取得了双赢效果,其中:泸州市长江起重机大桥有偿命名获冠名费100万元;宜宾县山城啤酒广场有偿命名获冠名费50万元;安县新县城搬迁,财政无力负担新县城的街路牌设置经费，对五条街道实行有偿命名，共筹集设标经费 24 万元，设置街路牌 103 块；与此同时，成都市、都江堰市和彭州市等地还以政府名义出台相关文件，规范了地名有偿命名。[①] 相应地，各冠名企业也能借此取得显著的广告效益。

相反，一些城市道路，尤其是老城区中的背街小巷，由于公共财政无力改造而年久失修，给当地居民生活带来不便。其实这些地名完全可以通过市场运作，让有实力、有信誉的企业有偿冠名，对这些道路、社区加以改造、改观，这比固守一个无足轻重的老地名却整日忍受日常生活的不便要好得多，况且一些所谓“历史悠久、富有文化内涵的”老地名历经多年之后自然消亡，也未见有人摇旗呐喊。当然，是否施行冠名改造这些背街小巷，还要征求当地大多数居民的意见。不过，企业对于冠名街巷路名的热情，通常是与被冠地名本身的知名度和影响力成正比的。但是这里必须强调两点：第一，开展地名有偿冠名的前提必须是当地政府确无旧街改造的财力、物力，而不应借此推脱政府改善市政建设的应有职责，毕竟地名冠名具有一定的负面效应；第二，开展地名有偿冠名必须有法可依，专款专用，切实将冠名费用用到旧街改造、道路维护、路牌更换等与冠体紧密相关的正当用途上来，如此才能真正实现“借地名养地”的冠名初衷。

此外，我们注意到，一些居民小区的冠名权被开发商占据，而根据《物权法》的规定，这些基于房屋所有权的共有资源应当归小区居民共同行使，而不应冠以开发商自身的名称或将其有偿转让。换言之，即使采用开发商的名号，开发商也应向小区业主委员会或全体业主支付冠名费。小区内的道路、绿地以及其他公共设施的冠名权同样应由业主共有，也可以有偿冠名。

**（二）不同地名应区别对待**

无论是提倡、支持或者抗议，对于地名有偿冠名都不应一概而论，无视不同地名的特点、不加区别地对待难免过于武断。换言之，并非所有的地名都适合有偿冠名，亦非所有的地名都不可有偿冠名。实际上，我们所说的地名包括的范围极为广泛。根据国务院 1986 年颁布的《地名管理条例》第 2 条的规定，地名包括“自然地理实体名称，行政区划名称，居民地名称，各专业部门使用的具有地名意

---

① 舒张惠、刘京、刘陈平：《四川探索：新路新广场企业出钱冠名，费用达百万》，载搜房网：http://esf.sz.soufun.com/newsecond/news/1627978.htm。

义的台、站、巷、场等名称”;民政部1996年颁布的《地名管理条例实施细则》第3条又将其作了细化:“《条例》所称自然地理实体名称,包括山、河、湖、海、岛礁、沙滩、岬角、海湾、水道、地形区等名称;行政区划名称,包括各级行政区域和各级人民政府派出机构所辖区域名称;居民地名称,包括城镇、区片、开发区、自然村、片村、农林牧渔点及街、巷、居民区、楼群(含楼或门号码)、建筑物等名称;各专业部门使用的具有地名意义的台、站、港、场等名称,还包括名胜古迹、纪念地、游览地、企业事业单位等名称。”

显然,对于这些纷繁复杂的地名,需要认真分析,区别对待,探讨其是否适于有偿冠名。一般而言,对于那些涉及范围广、影响面大的地名,如自然地理实体、行政区划、名胜古迹、纪念地、游览地等名称,由于其着重反映当地重要的人文或地理特征,不适宜有偿冠名。例如,对于媒体“武汉市变成可口可乐市”之类的戏言,虽然目前的法律法规没有明确禁止此类冠名,但从现实角度考虑这种情形显然难以实现,只是此种极端的例举放大了地名有偿冠名的负面效应,为其喷上了一团“妖魔化”的迷雾,进而将此种情绪传递给社会公众,易使地名有偿冠名工作丧失必要的群众基础,这种现象在地名有偿冠名实践中尤其要值得警惕。相反,站台、街巷、桥梁、隧道、广场等一般性地理名称则可冠名,可成为冠名运作的常用冠体。对于影响面较广的路名冠名要作限制甚至禁止,而影响相对有限的点状有偿冠名则应适当开放。实际上,地方政府在操作中也是针对不同类型的地名进行区别对待的,如2008年元月通过的《南京市地名管理条例》明确规定:地名有偿冠名适用于广场、桥梁、闸坝和隧道等,城镇路、街、巷名,具有重大纪念意义的地名,以及列入非物质文化遗产地名保护名录的地名不得有偿冠名。

此外,有偿冠名宜选择那些新修建的道桥、楼群或其他建筑物、构筑物,尤其是新开发区的地名,而对于那些历史悠久、具有显著地理特征的地名则不宜再行冠名。就企业、事业单位类的地名而言,冠名现象较为普遍,尤其是对于学校、医院等公益设施类地名的冠名,多有个人或机构为之捐资冠名,其虽然是有偿冠名,但实际上也是一种各取所需、合作互利的冠名安排。对于此类地名的冠名,应该积极提倡,以促进公益事业的发展。

### (三) 地名冠名权出让应当遵循基本的市场交易法则

在地名冠名中,地名资源属于国有资产,即如法国法所认为的属于“公产”的范围,其所有人为行政主体,或者称之为“公物”,即指直接供公有的目的支配之物，并为国际或其他行政主体所支配。① 公产所有权论者认为，公产的所有权是不同于私法上的所有权的另一种形态的所有权。这种观点于20世纪初期由法国学者M.奥里乌首倡，并为很多人接受。但此种论断受到法国实证主义社会法学家L.狄骥和G.热兹的反对，认为行政主体对于公产的地位，完全可用公共使用观念或财产目的观念来说明，把民法上所有权的观念转移到行政法中既无正当理由也无必要。法国法院判例上对此也存在类似争议。②

与上述思维相类似，对于地名有偿冠名问题，有学者认为“道路等公共设施的冠名权在法律性质上是一种国家行政权力，是职权与职务的统一，具有不可处分性”③，“道路冠名是完完全全的政府行为”④。如前所述，地名有偿冠名包括两个层面：一个是政府与冠名商之间的有偿冠名协议，这是一种双方平等自愿的合同相对关系；另一个是冠名协议达成后政府再据此实施地名命名行为。后者当然是一种行政行为，但是决不能因后者的行为性质掩盖甚至无视前者中存在的冠名权交易行为，或者认为后者属于“行政契约”，排斥平等自愿、等价有偿的私法原则。实际上，所谓公产所有权的基本原理仍然源于私法所有权的理论范式，换言之，“在运用民法理论能够合理地、清楚地阐明公产所有权的情况下，却毅然抛弃民法所有权说，新创行政法上的所有权理论，其说服力便不够强劲”⑤。公物法既包括公法亦适用私法，除公物之设定、废止、使用目的之确定及依公物特征不能适用民法规定者外，有关公物之一般法律关系仍受民法之支配。⑥ 准此以解，公物类冠名权的运作也得遵循广告合同的基本规则，而不能以行政权力遮蔽冠名权交易的合同性质。当然，公物类冠名常常事关公共资源的合理配置和公序良俗的维护等问题，因此在发展冠名权交易的同时还要注意对冠名权的运作过程进行必要的管理监督，如此才能更好地理解和把握冠名权的运作，但决不能因此抹煞地名有偿冠名中自愿、平等的市场交易规则，如果市政管理部门执

① 林柏璋：《台湾水权及其法律性质之探讨——公水之特许使用》，载《台湾水利》第49卷第3期，2001年9月，第99页。转引自崔建远：《所有权的蜕变？》，载《复旦民商法学评论》（总第三集），法律出版社2005年版，第2页。

② 王名扬著：《法国行政法》，北京大学出版社2007年版，第245-246页。

③ 何晓华：《对道路冠名权的法律思考》，载《河北法学》1998年第4期，第83页。

④ 周健、江寄鸥：《路名商品化中的法律问题研究——欧德力路冠名权转让法律问题研讨会综述》，载《法学》1996年第12期，第39页。

⑤ 崔建远：《所有权的蜕变？》，载《复旦民商法学评论》（总第三集），法律出版社2005年版，第7页。

⑥ 吴庚著：《行政法之理论与实用》，三民书局1999年版，第190页。

拘于固有的公权力思维而无视冠名商的正当权益,不但难以与冠名商长期合作共赢,而且由此导致的冠名权运作失败将会带来一系列不利后果。

**(四) 冠名内容应当合法有序**

地名的变动和实施不得违背法律的强制性规定和禁止性规定,这也是国内外地名命名的通例。如美国密苏里州圣路易斯市对于路名命名有较为具体的规定。该市规定,城市街道可以根据下列规定以任何人、地方、创造物或者数字冠名:①命名应当有利于城市规划,有利于路产保值,有利于维护沿街居民和路政管理部门对街道的公平利用和管理,也应兼顾其他市民的相关利益;②命名对于城市、州乃至整个国家的发展、遗产和文化特质具有重要意义和价值,能够增进市民对于城市的自豪感及公众对于本市遗产和历史更为广泛的了解和认同;③如果原有命名更有意义,而重新冠名则会有损街道的历史价值,则不宜重新冠名;④本市范围内的同一街道应统一更名,避免同一街道分段冠名而引发的紊乱,但如果某段道路(包括街道"street"、林荫道"avenue"或者林荫大道"boulevard")通过普及已被永久地与某种命名紧密联系,则可分段冠名;⑤当一条街道以某个人的姓名进行冠名或重新冠名时必须同时符合以下要求——冠名申请不得早于该人逝世后一周年,必须用这个人生前的最后用名进行冠名,但如果这样会导致与本市内其他街道重名的,则可使用其他用名。①

我国的地名命名规则主要包括国务院1986年颁布、现今仍在施行的《地名管理条例》,以及民政部1996年颁布的《地名管理条例实施细则》,其中若干规则与上述国外规则较为类似。除此之外,这两部法规/规章中还专门规定:各专业部门使用的具有地名意义的台、站、港、场等名称,一般应与当地地名统一;不能用国家领导人的名字为建筑物冠名;不得出现一地多名、一名多写;地名冠名应征得当地政府主管部门的审批;机关、部队、团体、企业、事业单位的公告、文件、证件、影视、商标、广告、牌匾、地图以及出版物等方面所用的地名,均应以正式公布的标准地名(包括规范化译名)为准,不得擅自更改,等等。

地名有偿冠名不仅应该做到合法,而且应当不违背公序良俗,具体来说包括以下两个方面。

(1) 冠名用词应当符合国家语言文字的规范,便于识别,以免出现对路名的

---

① *St. Louis, Mo.*, *Rev. Code Ann.* ch. 20.12.040, § 3. 1988. available at http://www.slpl.lib.mo.us/cco/code/data/t2012.htm.

不确切称谓。不得对地名模糊冠名，也不应在同一地名上重复冠名。地名冠名应尽量维持冠名的持久与稳定，不得经常换名而影响社会秩序、浪费社会资源。对于道路等线状地名因影响面广故其冠名尤应慎重，对于桥梁、隧道、广场等点状或片状地名冠名应保持较长时间，一般应在10年以上，对于公交站点等较小的地名冠名也应该在2年以上，届期应做好更名宣传工作。地名主管机关应当有效参与地名有偿冠名工作，既不能越权执法损害冠名利益，也不能只管收费，一冠了之，对冠名的后续效果不加管理。此外，还应发挥上级审批机构在地名有偿冠名中的监督管理作用。①

(2) 即使是冠名企业因破产、被撤销、被兼并等事由而导致企业名号变更，考虑到公共秩序，在新的命名实施之前，原冠名应保留一段时期，而不宜立即取消，以便公众对冠名的变更有一个认知的过渡时期。同样，如果企业被并购，或者单纯的冠名权再转让，也应当确立和遵循"买卖不破冠名"的规则。此外，如前所述，对于需要冠名的公共事物，原则上应当是新建、改建而无名的公园、广场、道路、桥梁等建筑物或构筑物，或者是原来地名、建筑名不符合城市品位而改名的，对于那些已经具有一定历史意义和社会影响的地名、建筑名等则不宜再行冠名。

**(五) 严格规范冠名权出让程序**

地名资源是一种相对稀缺的公共资源，公众之所以对地名有偿冠名颇有微词，除了担心影响公共秩序之外，另一种担忧就是这种有偿冠名有可能演变为官商合谋的内部交易，某些企业或个人可以公然通过公权力获得凌驾于其他企业和社区公众利益之上的冠名权，而冠名费用数额及其流向并不透明，公众难以从有偿冠名中获得相应的回报，却承受着冠名所带来的消极影响，如不得不随之变更通信地址，遭受其他地区的人们对本地的非议等等。

在美国，一些地方公共地名频频被商业公司和权势人物冠名，最为典型的莫过于南卡罗来纳州(以下简称南卡州)的地名"Thurmond 化现象"：一个名叫 J. Strom Thurmond 的前州议会参议员大肆冠名于南卡州的各种地方，众多建筑、议会大楼、道路、学校、教育机构、礼堂，甚至是水坝和湖泊，都打上了 Thurmond 参议员的名字，不仅如此，南卡州议会大厦前的广场上还十分显眼地矗立着这位已故参议员和前政府领导人的雕像，雕像比真人还要大，正好位于议会大

① 吕静：《试谈在地名管理中如何发扬民主》，载《中国民政》2007 年第 6 期。

厦南边主人行道的正中间,雕像上将其标榜为“政治家”“斗士”“教育家”,并且他的5个孩子的名字和出生年月也罗列其上。看到这些冠名的人们大概都会觉得当地民众是如此一致地拥护用这些冠名来纪念这位参议员,但南卡州的大部分公民实际上并未参与这些公共场地或设施的冠名过程,冠名程序都是断断续续地、不公开地进行的,几乎没有经过公众的审查和监视,这更像是通过粗暴的政治权术而非基于广泛的公众意见加以推动的。针对此类现象,南卡州法学院的Ann Bartow教授曾经尖锐地指出,此类冠名权政策与商标法、公开权法理以及实践操作等方面均存在显而易见的公共政策冲突,这些领域的冠名行为往往使公共资产被不民主、不公平、不合法、不适当地私用,构成一种特殊的压迫性言论,因此她呼吁应当对公共资源的冠名采取严格的规制措施。①

在我国的地名冠名中,应当汲取类似于南卡州“Thurmond化现象”的教训,在牵涉公共建筑、场地、道路等地名的冠名权交易中,务必使交易过程公开、公平、公正,以免出现冠名权转让中的“暗箱操作”和“权力寻租”。根据《中华人民共和国政府信息公开条例》第9条的规定,“涉及公民、法人或者其他组织切身利益的”,或者“需要社会公众广泛知晓或者参与的”的事项,行政机关应当主动公开有关信息。因此针对地名有偿冠名这样涉及公共利益的重要事项,地政管理部门应当主动公开冠名过程和冠名结果②,尽量通过招标或拍卖方式进行,对于拟参加竞拍的企业,对其冠名字号进行审核,以免不适宜用作地名的冠名出现。地名冠名不能唯利是图而罔顾社会利益,即使是某一社区内地名的冠名权出让,参与交易的双方也应当将冠名情况及时、准确、全面地向当地居民公布,并经过市政管理部门登记,从而有利于对公共资源出让程序的监督,也便于社会公众对地名冠名取得统一认知。此外,对于比较重要的建筑、场地的冠名,地名管理机关及其他市政机关和运营部门有必要举行听证会、市民恳谈会等民主决策活动,在实施冠名经营过程中尽量做到各方利益的平衡,同时,对于冠名费用的数额、支付及其流向也应及时公布,加强监督。

关于冠名费用问题,加拿大多伦多市议会于2000年审议通过的《商事公司

---

① Ann Bartow, *Trademarks of Privilege: Naming Rights and the Physical Public Domain*, 40 U.C. Davis L. Rev. p.919(2007).

② 此类实例如杭州市2009年对部分道桥拟行冠名时,就对地名冠名的方位、名号、格式等进行较为明确的公示,并征求公众意见。参见《杭州市人行天桥冠名权设计方案公示》,载杭州网:http://www.hangzhou.gov.cn。

或其他商业组织路名冠名的补偿办法》有如下规定：①以某一商业名称冠名街道的，申请人应当全面补偿有关的更名费用，包括但不限于通过发布费、路标制作和安置费、根据法律进行登记的手续费，以及为相关的城市数据库作更新所需的劳务费；②申请一条道路冠名应交纳不可撤销的冠名费用 3 000 美元；③申请人应当补偿因路名更改而使居民或商务受到的损失；④道路商业冠名的具体实施细则自冠名企业按照第一号议案的规定上缴后即行制定。[①] 多伦多市的上述规定至少给我们如下启示：一是明确列举冠名费用所要支付的款项，包括因冠名给第三人带来的利益损失；二是要求冠名商先行支付冠名费而后冠名，以免频换地名给公共秩序造成不良影响，浪费相关费用。

**（六）自然人冠名地名应当具体分析**

不难发现，在地名冠名实践中，参与竞购地名有偿冠名的主要是一些商事企业，而自然人冠名地名的则多见于教科文卫等公益类捐赠地名冠名中。盖因自然人与组织体尽管在法律技术的处理上可以同具主体资格，但在冠名权具体运作上二者仍有巨大差异。商事企业将冠名作为其提高自身知名度、塑造企业形象的一种文化表征和广告策略，常常不惜重金竞买地名冠名权，即便其打着“力造企业公民”“勇担社会责任”之类的旗号，但本质上不会改变其营利的终极目的，故从来都不避讳其以资本的力量型塑社会文化地理的意志和能力，常常不惜巨资竞购知名冠体的冠名权并将其作为扩张社会知名度和商业影响力的重要广告载体。也许正是因为这种过于张扬的冠名风格，当企业尤其是整体形象乏善可陈的企业参与有偿冠名时，常常引发人们的非议乃至法律的排斥。如美国安然公司的国际性经济丑闻曝光后，其冠名的“安然体育场”(Enron Field)的所有人休斯敦太空人队(Houston Astros)就曾在法院判令安然公司解除该冠名权协议之前，向安然公司提出以 210 万美元的对价收回该体育场冠名权的动议。[②] 相比之下，自然人冠名地名尽管也意味着个人人格的张扬和荣誉性褒奖，但自然人一般不愿意明目张胆地挑战惯常的社会观念，以免使其冠名权运作被指为权钱交易，故多通过捐建等途径间接、委婉地获得对某项建筑物、构筑物等特定地名的冠名机会，此际称之为“冠名权安排”或许更妥。尽管如此，在个人冠名地名

---

① *City of Toronto street naming policy*, available at: http://www.toronto.ca/mapping/street_naming/index.htm.

② Floyd Norris, *Enron Earnings, After All*, *N.Y. Times*, Mar. 3, 2002, at D2.

时也应注意以下事项。

第一,要区分生者与死者,原则上不以生者人名冠名地名。按照盖棺论定的说法,以已故之人的人名冠名较为稳妥,因为生者可能在冠名后出现有辱声名之事,势必累及地名,故现实中以已故人名冠地名的现象较为普遍。不过,即使是生前声望较高的人去世后也难免招致非议,故应在时间上作适当限制。前述美国圣路易斯市的地名冠名规则对此规定:"当一条街道以某个人的姓名进行冠名或重新冠名时必须同时符合以下要求:①冠名申请不得早于该人逝世后一周年;②必须用这个人生前的最后用名进行冠名,但如果这样会导致与本市内其他街道重名的,则可使用其他用名。"

第二,要区分不同的地名。尽管一般地名不得以人名冠名,但在现实生活中不少建筑物地名就是以捐赠人的姓名冠名的,如遍布各地的"逸夫楼"就是以其捐建者香港著名实业家邵逸夫先生的姓名命名的,还有一些机构类(一般是二级非法人机构)地名如苏州大学王健法学楼等也是以捐建人的姓名冠名的。

第三,自然人姓名与基金会或公司重名,原则上以自然人为冠名人。如果以自然人冠名,但该自然人的姓名同时也是某公司或组织的商号或名号,其冠名权究竟属于该自然人还是同时也属于该公司或组织呢?《加利福尼亚大学财产、学术或非学术项目、设施冠名办法》中"冠名指南"第 8 条第 4 款认为,"为了避免出现任何商业影响或者利益冲突,对于商业公司或其基金会拟冠名的大型项目或者场馆、建筑物、开放场地或者道路均应当经过严格评估。对于与某一公司有牵连的个人冠名应当视为是该个人的冠名"①。

第四,无论是明确的地名有偿冠名,还是隐性的地名冠名安排,冠名权运作无不体现双方竞合互惠的利益关系。冠名捐赠协议或冠名权出让协议签订之际,当事人双方考虑较多的自然是各自的名利收益,而往往忽视或者回避一方出现丑闻时或在其他有损声誉的情势下应当如何处理冠名的问题,这一点在冠名人出现丑闻时体现得尤为突出,因此冠名权协议当事人不能不对此问题有所防范。此际,若双方对此事前并无协议,被冠名方能否单方取消冠名,还是维持现状容忍继续冠名呢?这的确是需要认真审视的一个现实问题。

在冠名权运作实践中,针对被冠名方径直取消冠名的做法,舆论不无非议,

---

① *Policy on Naming University Properties, Academic and Non-Academic Programs, and Facilities*, available at: http://www.ucop.edu/ucophome/coordrev/policy/12-19-02.html。

认为不应轻易如此。[①] 从法律角度而言,似也无足够理由支持这种做法。尽管《最高人民法院关于适用〈中华人民共和国合同法〉若干问题的解释(二)》第 26 条规定了情势变更原则,允许当事人在特定条件下可以变更或解除合同,但在地名有偿冠名中却难以适用,因为该规则中的特定情势一般是指通货膨胀等由于商品经济本质导致的风险(如近年来的金融危机)、国家经济政策或重大自然灾害等"当事人在订立合同时无法预见的、非不可抗力造成的不属于商业风险的重大变化"[②],而冠名后冠名人出现丑闻显然不属于订立冠名捐赠合同时无法预见的、不可抗力的重大变化,多半是因为双方缔结冠名捐赠协议时只顾各遂所愿的好事而有意或无意地回避之后可能发生的不愉快之事,这就为以后的争议埋下了伏笔。此外,即便可以取消冠名,也应向法院申请变更或解除合同,而不应单方任意处置。况且,若取消冠名,冠名捐赠费用是否应全部或部分退还也是不容回避的问题。

适度开发地名有偿冠名,具有多方面的积极意义,但与此同时也应注意防范冠名带来的消极社会影响。"几乎没人喜欢住在一个名为 198457 的大街上,因为这个地址毫无个性和意趣。但当公共设施被赋予更为丰富的命名的时候,麻烦就来了。商事公司可以支付成千上万美元用其商标为一座公共建筑物命名,当地官员也通过冠名公共设施的方式为他们的政治资本投资"[③],掠夺了属于公共财产的地名资源。地名冠名就是一把双刃剑,如何有效地发挥地名资源蕴含的融资功能,拓展公共建设的资金来源,又通过合理规划减少冠名的负面效应,的确是摆在市政管理者面前的一个现实问题。

目前一些地方政府及主管部门已就地名等公共资源的冠名制定了相应的法律规范,如《天津市地名商业冠名管理办法》(2001 年)、《韶关市城市资源和公共设施冠名权管理办法》(2003 年)等,《济南市地名管理办法》在 2003 年修订中专设"地名的有偿冠名"一章,2003 年修订的《嘉兴市地名管理办法》也于第 3 章第

---

① 徐啸川:《宋山木楼不能改名的八大理由》,载网易网:http://newspaper.jfdaily.com/jfrb/html/2010-05/31/content_341826.htm。

② 冯文生主编:《最高人民法院关于适用〈中华人民共和国合同法〉若干问题的解释(二)原理精解·案例与适用》,中国法制出版社 2009 年版,第 166 页。

③ Ann Bartow, *Trademarks of Privilege: Naming Rights and the Physical Public Domain*, 40 U.C. Davis L. Rev. p. 919(2007).

9条规定“地名冠名可以有偿使用,但须从严控制,规范管理”,等等。① 但国务院1986年颁布的、目前仍然适用的《地名管理办法》以及民政部1996年制定的《地名管理条例实施细则》均未对地名冠名作出明确规定,因此应当在总结各地经验教训的基础上适时建立较为明确的地名有偿冠名制度,以使地名有偿冠名工作有章可循,良性运作。

## 小 结

作为一种颇具特色的广告形式,冠名权的设计和运用应在冠体选取、冠名设计、冠主确定及与其他广告形式综合方面遵循一定的技术原则,这是冠名权成功运作的技术保障;同时,作为一种权利现象,冠名权尤其是公用物冠名权的设立与行使还应遵循公序良俗、合法公正等原则,这是冠名权运作的制度保障。

广播电视节目冠名形式多样,设置灵活,较之常规的广告形式可以更为突出地彰显广告主的品牌形象。在节目冠名的表现形式上,大致有常规节目冠名、整点报时冠名和节目隐性冠名等几种形式。为了维持广播电视节目合理有序地播出,应对冠名节目的类型和冠名形式以及烟草等特殊企业的冠名资格施以必要的法律规制。

地名有偿冠名也是城市经营中的一种重要手段,地名有偿冠名既可以提升企业知名度和美誉度,又可以充分开发城市资源,拓展公共设施建设的融资渠道,但应当对地名冠名合理规制,对不同冠名区别对待,冠名内容应合法有序,冠名程序应公开、公平、公正,对个人冠名地名也应作具体分析。

---

① 不难发现,2003年是各地推出地名有偿冠名政策较为密集的年份,这一方面可能与全国地名管理政策的整体导向有关,另一方面,我们也发现这一年是其他冠名形式多发的年份,似乎人们在这一年猛然发现有偿冠名这座“金矿”,使得包括地名有偿冠名在内的各类冠名权现象一时间呈井喷之势,但与此同时,人们对于有偿冠名的负面效应似乎关注不够。冠名权实践运作中的这种“羊群效应”(Effect of Sheep Flock)是值得注意的。

# 第六章
# 冠姓权及其纠纷解决方案

## 第一节　冠姓与冠姓权

### 一、冠姓的意义及其纷争

姓氏是人类社会生活中一类重要的符号资源，它发挥着辨种族、明世系、别婚姻的重要作用。“社会成员因为有了姓氏而在群体符号和类符号的系统中具有特定位置，产生符号意义上的归属与认同。”①姓氏和姓名不仅是一种独特的社会文化现象，还成为法律调整的一类重要对象，具体而言，这种调整一方面体现为自然人得对其姓名享有姓名权，此点已为民法学理和民事立法充分体认，毋庸赘言；另一方面则体现为夫妻之间、父母子女之间的冠姓问题，前者曾是夫权社会的制度产物，于今文明社会渐趋消亡，退化为一种自治惯习②，后者则牵涉父母与子女尤其是未成年子女之间的情感维系和伦理秩序，形诸于法，绵延未绝。

在我国，“提倡一对夫妻生育一个子女”的计划生育国策长期实施以来③，虽

---

① 纳日碧力戈著：《姓名论》，社会科学文献出版社 2002 年版，第 24 页。

② 1928 年 10 月，民国立法机关完成《亲属法草案》，时任南京政府立法院委员的王用宾对草案中规定的“妻冠夫姓”持不同意见，在作详查后认为中国古代传统并非妻冠夫姓，而是妻姓之上冠以夫之姓名、官名或其他称谓，且察当时法德日俄各国立法例，认为规定“妻冠夫姓”并不恰当，不如顺从民间习惯，不在法律上作硬性规定。参见王用宾：《妻冠夫姓问题》，《法学季刊》第一卷第 1 号(1930 年 12 月)，载何勤华、李秀清主编：《民国法学论文精粹 · 民商法律篇》，法律出版社 2004 年版。

③ 参见《中华人民共和国人口与计划生育法》第 18 条。

然在控制人口过快增长方面成效显著,但它所伴生的人口结构老龄化、性别比失衡等负面效应却日益凸现,独生子女家庭所带来的一系列社会问题也引起人们的关注,父母双方对于子女姓氏的争夺就是其中的一种。在典型的"金字塔"式(祖父母+外祖父母→父母→独生子女)家族演化结构中,父母双方以及祖父母、外祖父母往往将独生子女姓氏视为其自身血脉延续的主要符号表征(实践中来自祖父母、外祖父母的动因更强),其中蕴含着莫大的精神利益,因而在对孩子的命名尤其是冠姓问题上难免产生纠葛,甚至导致婚姻关系的破裂。近年来夫妻之间尤其是离婚夫妻之间争夺子女"冠姓权"的案例屡见不鲜①,不同法院对于同类案件的裁决意见不一(后文述及),如何解决冠姓权之争已经成为一个不容忽视的社会和司法问题,但学理上目前对于此类问题并未给予足够的关注,无论是"冠姓权"本身的正当性及法律定性还是实践中冠姓权之争的法律对策,无不需要分析解答。

## 二、冠姓权之应然性与实然性

我们注意到,针对现实生活中出现的父母争夺子女冠姓的纠纷,不少传媒在报道或讨论中称之为"冠姓权之争",而在我国立法上和学理上则未见有"冠姓权"的用语。称之为"冠姓权",也就意味着将父母冠姓于子女姓名的这种身份利益定位为一种权利。如此定位,是否具有足够的法律依据呢?我国《婚姻法》第22条规定:"子女可以随父姓,也可以随母姓。"此项规定是目前我国关于子女冠姓问题的基本规范,但其显然并非规定父母对于子女的冠姓权,而是赋予子女对冠姓的选择权,同时该条款也可视为国家对子女冠姓的倡导性规范,但非强制性规范。如此,似乎表明"冠姓权"尚不足以作为一项权利被认可、被使用,但是,本

---

① 例如:《争孩子姓名权,夫妻上公堂——北京首例冠姓权庭审》,载中国法院网:http://www.chinacourt.org/html/article/200204/19/2182.shtml(本章参考网址最后访问时间均为2013年11月8日);《独二代"冠姓权"引发心理大战》,载《楚天都市报》2007年7月4日C37版;《父母不得因子女变更姓氏名称即终止抚养义务——王东宝与王某抚育费纠纷上诉案》,载北京市高级人民法院编:《北京民事审判疑难案例与问题解析》,法律出版社2007年版,第298-299页;《丈夫起诉妻子讨要孩子"冠姓权"》,载《南京日报》2009年3月2日B3版;《争孩子姓名权,夫妻上公堂——北京首例冠姓权庭审》,载中国法院网:http://www.chinacourt.org/html/article/200204/19/2182.shtml;张勇:《离婚父母,谁拥有孩子冠姓权?》,载《法治与社会》2006年第2期;张玉英:《为争女儿冠姓权离异夫妻再上公堂,尊随孩子意愿》,载北京婚姻网:http://www.bjfamily.com/article1404.aspx;东南快报讯:《孩子姓啥,投票抓阄找律师?》,载新浪网:http://news.sina.com.cn/o/2005-08-05/02296614083s.shtml,文中有载:"……那么该如何来分配孩子的'冠姓权',以免夫妻双方发生纠缠和矛盾,很多父母认为有以下几种解决办法……"

书的以下分析将阐明冠姓权确是一项应然且实然的民事权利。

冠姓权是一项应然的民事权利，它的存在具有足够的合理性和正当性。亲生骨肉，血脉相连，抚养哺育，情莫大于，为之命名，冠于姓氏，乃是人类繁衍后代的一种自发的情感表达，也是一种基本的代际符号标识和情感维系方式，并延续成为一种悠远的历史文化传统和普遍的社会生活习俗。因此可以毫不夸张地认为，冠姓之权是一种符合人性和人道主义精神的自然权利，它的存在具有深厚的社会文化基础和浓厚的民众情感意识。随着时代变迁，人们对此种权利的意识和主张非但没有减弱，反而更趋强烈，以至于引发针对子女冠姓问题的争执，这也从现实角度证明了冠姓权的正当性和重要性。不仅如此，冠姓权还是一项实然的民事权利，它的存在具有现实的合法性和可预期性。

首先，应予明确，子女姓氏如何确定是一个纵向的国家管控问题，也就是法律课以自然人如何冠姓的法律义务，这在大陆法系民法及相关法中多有规定。如《德国民法典》第1616～1618条（含1617a，1617b，1617c）详细规定了“在父母有婚姻姓氏”等多种情形下父母对子女的冠姓问题。这些规定具有明显的管控性或强制性规范的意味，如第1616条规定“子女获得其父母的婚姻姓氏，以作为出生姓氏”①。类似地，《阿尔及利亚民法典》第28条规定：“任何人均应有一个姓氏及一个或数个名字。子女应随父姓。”②我国台湾地区相关规定有：“子女从父姓。但母无兄弟，约定其子女从母姓者，从其约定。赘夫之子女从母姓。但约定其子女从父姓者，从其约定。”

在我国，有观点认为，我国1980年《婚姻法》第16条规定的“子女可以随父姓，也可以随母姓”是父母有权冠姓于子女的法律依据。③ 这种观点在司法实践中具有一定的代表性，但是必须明确，从该规定并不能推出父母享有对子女冠姓权的结论：第一，该句主语为子女，而非父母，亦即冠父姓抑或冠母姓系子女本人之选择自由权，确切地说是其姓名决定权，而非父母的什么权利；第二，分析该规定之用语“可以”及其语式“可以……（也）可以”，只能将其理解为我国《婚姻法》对于男女平等基本法律原则和夫妻姓名权平等规则的延伸，也即“在子女姓氏问

---

① 陈卫佐译：《德国民法典》，法律出版社2006年版，第505-507页。

② 尹田译：《阿尔及利亚民法典》，中国法制出版社2002年版，第28条。

③ 杨晓霓、焦卫：《对一起变更子女姓名案的法律思考》，载《人民司法》2000年第9期。需要注意的是，1980年《婚姻法》经2001年修订，第22条规定为：“子女可以随父姓，可以随母姓。”

题上否定了子女只能跟随父姓的旧传统"[1]。因而这一规定实际上也属于管控型规范,而非赋权型规范。我国的《户口登记条例》则从行政管理的角度对此提出了明确要求,该条例第 7 条规定:"婴儿出生后一个月以内,由户主、亲属、抚养人或者邻居向婴儿常住地户口登记机关申报出生登记。弃婴,由收养人或者育婴机关向户口登记机关申报出生登记。"

显然,上述规定均表明国家对于子女姓氏问题的基本立场和规制方向,但是,这种管控其实也给父母留下了选择空间,即虽然为子女确定姓名是父母应尽的法律义务,但正是这种义务提供给父母为子女冠姓的利益与自由,比如,冠父姓或者冠母姓,抑或冠父母复姓,甚或冠其他姓氏,皆无不可,而父母之外的其他人则无此义务,也无此冠姓利益。笔者以为,此种因强制性规范和履行法定义务而得的利益是一种"反射利益"[2],或称冠姓权为一"弱权利"。

其次,一些国家的民法典中实际上已经明确规定了父母对于子女姓名的选择决定权。如《法国民法典》第 57 条第 2 款规定"儿童的名字由其父与母选择"。这可看作是赋予了父母对于子女姓名的选择决定权,自然也包括以父母姓氏为子女冠姓的权利。再如,《埃塞俄比亚民法典》在其"姓名"一章中明确规定自然人的姓名由其亲权人决定。《德国民法典》第 1617 条第 1 款规定:"父母不使用婚姻姓氏且有权共同照顾子女的,父母以向民事身份官员作出的意思表示,将父或母在表示时所使用的姓氏确定为子女的婚姻姓氏。"如果父母在法定期间内未作确定的,则由家庭法院将确定权托付给父母一方(第 1616 条第 2 款)。上述规范均可认为是父母对于子女的包括冠姓在内的姓名具有决定权的制定法依据。

再次,退一步讲,即使在实定法中没有冠姓权的明确规定,也并不意味着冠姓权缺乏必要的规范基础。这是因为,从权利位阶来看,冠姓权实为父母对于未成年子女命名权(姓名决定权)中的一部分,而这种命名权又是父母对于未成年子女亲权中的一部分。所谓亲权,"系父母基于其身份,对于未成年子女以教养

---

① 杨大文主编:《新婚姻法释义》,中国人民大学出版社 2001 年版,第 93 页。

② 注意,此种因履行义务而得的"反射利益"不同于通常所谓之因公法管控或因他人权利所反射之利益(如行人得享秩序之交通、亲友得享临时借住他人所租房屋之便利等)。关于后面两类反射利益之论说,可参阅徐银华、肖进中:《行政法上之公权与反射利益理论的历史演变》,载刘茂林主编《公法评论》第四卷,北京大学出版社 2007 年版;曾世雄:《民法总则之现在与未来》,中国政法大学出版社 2001 年版,第 61 页。

保护为目的之权利义务之集合”①，其内容包括父母对于未成年子女的身心抚养教育和监护权利，具体包括身心养育教化权、奖惩权、姓名设定权、住所指定权、法律行为补正权、法定代理权、失踪和死亡宣告权以及财产管理权②，其中的姓名设定权自然应当包括父母得以自己的姓氏冠于子女名字之前的权利，即冠姓权。我国《民法通则》未明定亲权制度，而是将其内容融入了监护制度，《民法通则》第16条第1款规定“未成年人的父母是未成年人的监护人”，实际上奠定了父母作为亲权人的法律地位。一般认为，监护与亲权是两种不同的法律制度，监护是对于不能得到亲权保护的未成年人和精神病人设定专人以保护其利益的法律制度③，我国《民法通则》虽未将二者加以区分，但也不应因此否认其中包含亲权的实质内容。在这样一个“大监护权”的权利层级之下，父母对于未成年子女的冠姓权无疑应属于其中的一个子权利。

最后，鉴于亲权制度的独特价值，在我国两部民法典学者建议稿中均已明确拟定了亲权制度，其中就包括有冠姓权的内容。王利明教授主持起草的建议稿在“姓名决定权”专条中明确规定：“父母对子女有姓名决定权，子女可以从父姓，可以从母姓，由父母双方协商确定。子女成年后，从父姓还是从母姓可由本人选择。”④该条与现行《婚姻法》第22条相比，有如下几点值得注意：一是明确赋予父母对于子女姓名的决定权（或曰取名权），当然包括对冠姓的决定权，这无疑强调了冠姓对于维系代际亲情的重要价值，有利于维护父母作为亲权人/监护人的冠姓权益，同时也有利于维持人口繁衍谱系的相对稳定；二是重申“子女可以从父姓，可以从母姓”，消除了“重男轻女”之嫌；三是与自然人行为能力制度相呼应，规定子女成年后其冠姓由本人选定，亦即限定了父母只能对未成年子女而非对其终生享有包括冠姓权在内的姓名决定权。在梁慧星教授主持起草的建议稿中亦专条规定了父母对子女的“姓名决定权”：“父母有权决定、改变未成年子女的姓名，但子女已满十周岁的，应征求子女的意见。”⑤类似地，徐国栋教授主持起草的《绿色民法典草案》也于第160条、第161条分别规定了子女“姓的确定”

---

① 史尚宽著：《亲属法论》，中国政法大学出版社2000年版，第658页。

② 张俊浩主编：《民法原理》，中国政法大学出版社2001年版，第161页。

③ 同见《亲属法论》，第693页。

④ 王利明主编：《中国民法典草案建议稿及说明》，中国法制出版社2004年版，第68页，第463条“姓名决定权”。

⑤ 梁慧星主编：《中国民法典草案建议稿》，法律出版社2003年版，第349页，第1734条“姓名决定权”。

和“名字”的选择,其中对姓的确定承继了现行《婚姻法》第22条之规定,并借鉴了《埃及民法典》的相应规定。①

当然,关于亲权制度与监护制度之间的关系,也有学者指出,民法上围绕对未成年人的监督、教育、照顾和保护等权利义务的制度构造,存在英美法系的统一监护模式和大陆法系的监护与亲权分离两种模式,前者将对父母对于未成年子女的人身和财产上的“parental responsibility”与父母之外的人对未成年人的“custody”或“guardianship”同归于未成年人监护体系,而后者专指父母之外的人对未成年人的监护,父母对未成年子女的监护职责则另称亲权。② 实际上,大陆法系国家民法典中所谓“亲权制度”与未成年人监护制度的制度设计和实际运作趋于吻合,而固有的亲权制度本身由于存在过多的人身支配性、男女不平等性而逐渐被重构和改造为父母对子女的照顾权利义务(以德国为代表),并且以义务为先权利为后。相比之下,亲权(elterliche gewalt)所强调的“亲”(父亲和母亲)对子女的一种“权力”(gewalt),在儿童权利受到普遍尊重的今天已显不妥,“亲权”这样的字眼在德国的法律术语里甚至是被禁止使用的。③ 故学者认为,亲权制度的发展在现代已经逐渐失去了以往父权的含义,而是“以保护、抚养未成年子女为中心,不仅表现为权利,而且更多地表现为义务”④。我国《民法通则》舍弃“亲权”这一旧法术语“是科学、文明并顺应社会发展的选择,是我国民事立法和婚姻家庭制度不断进步和完善的表现”⑤,未来仍应沿袭此种立法模式,而应不另设亲权制度。较之国内婚姻家庭法学界几乎异口同声地要求在《婚姻法》修订乃至未来民法典制定中规定亲权制度的一边倒状况,上述论断及其这种“奥卡姆剃刀”式的法律处理技术确有新意。这在一定程度上揭示了监护制度与亲权制度之间密不可分的内在联系,并且免却了繁复的制度构造,即如现行德国《民法典》一般,放弃以权力为内核的父母亲权,确立以义务和责任为实质的父母照顾权,使父母对于未成年子女的权利义务从形式到内容更接近监护。我们看到,在梁慧星教授主持起草的《中国民法典草案建议稿》中即将亲权制度专节

① 徐国栋主编:《绿色民法典草案》,社会科学文献出版社2004年版,第90页。
② 曹诗权著:《未成年人监护制度研究》,中国政法大学出版社2004年版,第136页。
③ 陈卫佐译注:《德国民法典》,法律出版社2006年版,第509页脚注[42]。
④ 杨大文主编:《亲属法》,法律出版社2004年版,第234页。
⑤ 曹诗权著:《未成年人监护制度研究》,中国政法大学出版社2004年版,第142页。

规定为“父母的照顾权”，受德国民事立法的影响较为明显。①

关于监护制度，虽然在我国民法理论上尚有争议，但从我国现行《民法通则》第18的规定来看，该条既规定“监护人应当履行监护职责，保护被监护人的人身、财产及其他合法权益”，同时也规定“监护人依法履行监护的权利，受法律保护”，可见其对监护（含亲权）的定位是融义务（职责）和权利为一体的，在学理上也有学者称之为“监护权”。② 而《婚姻法》第21条、第23条尤其是后者更为明确地体现了亲权的权利、义务双重属性：“父母有保护和教育未成年子女的权利和义务。”尤其值得注意的是，我国《侵权责任法》于第2条明确将监护规定为一种权利，而非义务，更将监护的权利性凸现出来。③ 认为监护（含亲权）有权利性的一面，主要还是考虑到其中确实包含有实质性的权利内容，最为明显的就是冠姓权，父母冠己姓于子女，更多的是显示了基于其与子女特定身份而形成的利益关系，而非一种职责或义务。无论我国以后的民事立法采取亲权与监护权并立的二元模式还是采取“大监护权”的立法模式，都不应否认冠姓权作为其中的当然内容。从根本上讲，父母对于子女的冠姓权，如同夫妻之间的冠姓权，都是一种“有物权性质的对人权”，是父母得以管教与训练他们子女的一项应有权利。④

以上是就婚生子女的冠姓权问题所作的探讨，此外，对于继子女和养子女的冠姓问题也需要注意。对于继子女冠姓问题，各国法律规定不多。我国最高人民法院《关于人民法院审理离婚案件处理子女抚养问题的若干具体意见》第19条规定：“父母不得因子女变更姓氏而拒付子女抚育费。父或母一方擅自将子女姓氏改为继母或继父姓氏而引起纠纷的，应责令恢复原姓氏。”这一规定实际上是以尊重和维护继子女的原姓氏为意旨的，即维护原父/母的冠姓权，而非对于继父/母冠姓权的肯定。对于养子女，大多数国家的法律规定，被收养人从收养人之姓，如美国各州的法律、奥地利法、丹麦法、日本法、荷兰法、瑞典法等，对此都有明确规定；那些允许在两种收养姓氏中选择的国家，如法国、阿根廷、西班牙等，在法律中也同样规定，“完全收养”中的被收养人从收养人之姓；也有少数国

---

① 梁慧星主编：《中国民法典草案建议稿》，法律出版社2003年版，第349页。

② 张俊浩主编：《民法原理》，中国政法大学出版社2001年版，第118页。

③ 该法第二条规定：“侵害民事权益，应当依照本法承担侵权责任。本法所称民事权益，包括生命权、健康权、姓名权、名誉权、荣誉权、肖像权、隐私权、婚姻自主权、监护权、所有权、用益物权、担保物权、著作权、专利权、商标专用权、发现权、股权、继承权等人身、财产权益。”

④ [德]康德著，沈叔平译，林荣远校：《法的形而上学原理——权利科学》，商务印书馆1991版，第100页。

家的法律允许被收养儿童在收养后继续保留原姓名,如原德意志民主共和国法;还有少数国家的法律允许将原姓与收养人的姓结合在一起使用,如德国现行收养法就是这种规定;另外,丹麦、瑞典等一些国家的法律则允许双方自由选择。在“不完全收养”场合中一般允许被收养人自由选择姓氏,如法国《民法典》第180条第2款及其他一些国家的法律允许被收养人保留原姓或使用收养人的姓氏,也可同时使用原姓和收养人的姓,但也有个别国家,如阿根廷,只允许在保留原姓与使用收养人的姓氏之间选择其一。① 我国《收养法》第二十四条规定,经当事人协商一致,养子女可以保留原姓。同时又规定,养子女可以随养父的姓,也可以随养母的姓,这与《婚姻法》的规定是一致的。

总之,尽管我国民法中并未明文规定冠姓权,但从《民法通则》第18条和《婚姻法》第23条等关于监护权/亲权的概括性规定以及民法典学者建议稿关于冠姓权内容的取向来看,足以认为父母对其未成年子女享有冠姓的权利。这也与大陆法系其他国家民法典中关于冠姓权的相关规定相一致。因此,父母对于未成年子女的冠姓权确是一项应然且实然的民事权利。冠姓权虽是父母对子女的命名权(取名权)中的一支,但却是该权利束中最能体现代际传承的符号和纽带,且在现实生活中引发纠纷的也多是子女的冠姓问题,而对姓名中“名”的争议并不明显,这说明在姓名决定权中更具有现实针对性的是冠姓权问题,此问题亟需认真对待。

## 第二节 冠姓权的特质——兼与冠名权及姓名权之比较

### 一、冠姓权的亲权性——与冠名权之比较

如上所论,冠姓权属于亲权中的一个子权利,因而具有亲权性。实际上,冠姓权与冠名权具有相似之处,均是权利人得有权将其名号冠于某一事物名号之前的权利,从这个意义上来说,冠姓权为冠名权之一种特殊表现,不过二者之间存在明显差异:①法律性质有异。冠名权因借助合约的管道使自身姓名权、名称

① 蒋新苗:《收养法比较研究》,北京大学出版社2005年版,第113页。

权等人格权权能得以扩张，在本质上仍是一种债权，近似于租赁权，而父母冠姓权则属于父母对于未成年子女的姓名设定权的一项核心内容，通过冠姓父母得以使其与子女之间的血脉传承与亲缘关系获得符号外观，但是这种姓名设定权本身属于亲权的范围，因而冠姓权在法律性质上属于亲权，而亲权则属于身份权，这是其与冠名权的根本不同之处。②冠名对象不同。冠名权是一方主体针对另一方主体的可支配事物的名号所享有的冠名权利，冠名是主体名号冠于客体名号之前，而父母冠姓权则是父母对其未成年子女的姓名所享有的冠名权利，冠姓是一方主体（父母）名号冠于另一方主体（未成年子女）名号之前。[①]③冠名的构成要素有所区别。冠名通常是一方主体的姓名、名称或者其他人格标识作为冠名专名与被冠名事物的通名结合，如“红河大桥”，而父母冠姓仅是以父母的姓氏（父姓或母姓，或父母复姓）作为“专名”与子女名字结合。④适用法律不同。冠名权人与冠体所有人或管理人订立冠名合同，这是一种广告性质的非典型合同，可适用《合同法》总则以及《广告法》的调整，另外一些冠名如地名冠名、体育赛事冠名等则还要受《地名管理条例》《体育法》等具体法律规范的规制，而冠姓权作为一种亲权，则主要受亲属法或婚姻家庭法的调整。

## 二、冠姓权的准共有性——冠姓权纷争的法律根源

发展至今，亲权已经从一种父权（对子女享有管教、惩戒、主婚等权利）的统治权力转变成为父母双方共同拥有的抚养、教育和保护未成年子女的不可推卸的权利和义务[②]，也就是具有了一种准共有性。准共有原本是物权法的概念，是指“所有权以外财产权的共有”[③]。但是，有学者认为，除了财产权以外的其他权利，如有些人格权或者身份权中也存在共有的现象，主要包括荣誉利益、隐私利益、肖像利益方面。[④] 此外，在亲属法上也可能出现“共同的亲属权、共同的亲权”[⑤]。值得注意的是，杨立新教授曾经在《人格权法论》中论及共同亲权的概

---

① 一般认为亲权的客体为子女，见史尚宽著：《亲属法论》，中国政法大学出版社年 2000 年版，第 662 页。笔者认为，冠姓权的直接客体为子女之姓名，它是一种符号，而不同于子女本身，或曰子女本身仅为冠姓权之间接客体，其中逻辑正如姓名权之客体为人之姓名而非人本身一样。

② 刘素萍、陈明侠：《健全我国亲子法制度》，载巫昌祯、杨大文主编：《走向 21 世纪的中国婚姻家庭》，吉林大学出版社 1995 年版，第 154-155 页。

③ ［日］《新版新法律学辞典》，中国政法大学出版社 1991 年中文版，第 495 页。

④ 杨立新：《论人格利益准共有》，载《法学杂志》2004 年第 6 期。

⑤ 杨立新著：《共有权研究》，高等教育出版社 2003 年版，第 312 页。

念,“不是指权利的共有,而是父母对于子女的亲权在行使时应当共同行使,为共同亲权原则”①。本书认为,亲权的享有与行使虽有不同,但其准共有性或曰共同亲权原则,不仅包括亲权的共同行使,更应包括亲权本身的共同拥有,且后者为前者之前提。共同亲权当然包括父母对于子女的共同冠姓权,即父母双方均平等地享有以自己的姓氏冠于未成年子女名字之前的权利,双方对于未成年子女的冠姓拥有共同支配权,子女姓名的确定、变更都要经过双方协商、同意才可进行,这种共同支配权不因父母婚姻关系破裂而受阻却,因此一方如果未经对方同意擅自变更子女姓氏即构成对另一方冠姓权的侵害,对方有权要求恢复原姓氏。在现实生活中,由于子女姓氏多为一姓,故双方的冠姓权不仅准共有而且形成一种竞合态势,即使冠双方复姓也会出现姓氏次序问题,看起来二者的冠姓权冲突在所难免,而冠姓权的准共有性正是造成此种纠纷的法律根源。不过,冠姓毕竟只是维系子女与父母乃至祖父母、外祖父母之间关系的一种符号象征,并非家庭生活的全部,真正的幸福生活均是以互谅互让的现实态度为基础的,故在正常的婚姻家庭生活中这种冠姓权冲突虽具理论可能,但实际上多能通过双方的协商、妥协达成一致。但是也应明确,即使未成年子女冠一方单姓,也绝不意味着另一方冠姓权就已消灭,只是该权利的行使因为双方的约定而被阻却,或曰对方侵权冠姓权的违法性因己方的同意而被阻却。

此外,即使夫妻离异而未成年子女归一方直接抚养,亦不意味着冠姓权可由准共有状态转归抚养方独有。我国《婚姻法》第 36 条规定:“父母与子女间的关系,不因父母离婚而消除。离婚后,子女无论由父或母直接抚养,仍是父母双方的子女。离婚后,父母对于子女仍有抚养和教育的权利和义务。离婚后,哺乳期内的子女,以随哺乳的母亲抚养为原则……”准此以解,以抚养、教育为核心的父母对于子女的监护权或亲权在父母离婚后仍应归双方准共有,而冠姓权作为其中的一个子权利也不例外。当然,立法上应当进一步完善离婚之后的监护权或亲权如何行使的问题②,但这与亲权本身的为谁享有并非同一层次的问题,因此即使监护权或亲权归单方行使,也不能改变包括冠姓权在内的监护权或亲权的准共有性质。

---

① 杨立新著:《人格权法论》,中国检察出版社 1996 年版,第 755 页。

② 陈苇:《离婚后父母对未成年子女监护权问题研究——兼谈我国《婚姻法》相关内容的修改与补充》,载《中国法学》1998 年第 3 期。

退一步讲，即便离婚夫妻经法院判决或双方协定亲权归一方单独行使，其中的冠姓权显然与对未成年子女的教育、抚养等其他权利有所不同，其只是一种符号表现，其客体仅是未成年子女的姓氏而非子女本身，冠姓权的行使并不依赖于是否与子女生活在一起、是否直接抚养子女，因而此际冠姓权仍得归双方共同行使，此实为父母离婚后亲权单方行使情形下一种极为例外之子权利。这种特质，根源于符号权利与实体权利的差异和统一，关于此点可参见本书第三章相关阐述。

## 三、冠姓权的期限性——与姓名权之比较

所谓冠姓权的期限性，是指父母对于子女的冠姓权仅在子女出生后至成年前为父母所享有，并随子女成年后其姓名权权能的丰满而归终止。这里涉及冠姓权与姓名权的关系问题，二者的差异表现在：①法律性质不同。我国《民法通则》第 99 条规定："公民享有姓名权，有权决定、使用和依照规定改变自己的姓名，禁止他人干涉、盗用、假冒。"可见，姓名权是一种法定的人格权，其内容包括两个方面，在积极权能方面是指自然人的姓名决定权、姓名使用权和姓名变更权①，在消极权能方面则是指自然人有权"禁止他人干涉、盗用、假冒"，或者说具有姓名权请求权②。冠姓权虽然也涉及自然人的姓名权利，但是这种权利并非自然人的人格权，而是父母对于未成年子女的亲权权利束中的一种子权利，属于身份权的范畴，二者在法律性质上定位不同，因此导致二者适用法律的不同，冠姓权主要适用婚姻家庭法加以调整，而姓名权则主要受人格权法的调整。②在权利内容上，姓名权的权能较为丰富，包括对于姓名的决定、使用和变更等，而冠姓权的权能则较为单一，仅仅是父母有权以自己的姓氏冠于未成年子女名称之上，但不因此排除子女自身的姓名权。

然而，姓名权与冠名权的分野和交界也正在于此：冠姓权是一种亲权，而亲权只针对未成年子女，未成年人虽然具有与成年人一样的权利能力，但由于缺乏相应的行为能力，其中的姓名决定权（包括取名权和更名权）为亲权所吸收，姓名权请求权也由其父母代为行使，未成年人本人根据其年龄和智力状况等可以独立实施一定的姓名使用权，及至成年后其姓名权的权能才得丰满，姓名决定权复

---

① 王利明著：《人格权法研究》，中国人民大学出版社 2005 年版，第 406 页。

② 杨立新、袁雪石：《论人格权请求权》，载《法学研究》2003 年第 6 期。

归本人,而父母的冠姓权随之消灭。

## 第三节 冠姓权纷争及其解决方案

### 一、冠姓权之争的高发情形及两种裁判意见

在男权主义占据优势地位的传统社会,一向有子女冠父姓的习惯,但是,“在现代社会中,民主、平等与自治原则是密不可分的……平等原则使家父权一步步受到限制甚至废止,已婚妇女的行为能力得到认可,儿童的权利主体地位不断强化,家庭自治从其以性别角色为基础的家父权、夫权位移至所有家庭成员平等的自治权”①,妇女在婚姻家庭中的平等地位得到法律保障,作为未成年子女的母亲,她们的冠姓权意识日益强烈,从而与长期形成的父亲一方冠姓传统发生冲突。这种冠姓权纷争集中出现在两个高发期:一是在子女刚出生而初次命名之际,有的女方提出独立冠姓要求,或者要与男方平等分享冠姓权益,实践中多以复姓作为双方妥协平衡的结果②;二是在夫妻离婚后,抚养子女一方未经另一方同意,擅自将子女原姓氏改为自己姓氏,从而引发另一方的不满,近年来这类纠纷尤其突出。值得注意的是,在第二类纠纷中,侵权方一般为女方,换言之,在父母双方的冠姓权之争中,虽然双方均有冠姓权,但母亲一方凭借其与未成年子女尤其是婴幼儿子女之间的更为密切的天然联系导致离婚判决中子女多由母方抚养,从而母方在冠姓权之争中事实上处于强势地位。与通常所认为的女性在婚姻家庭领域的弱者形象乃至“全球化背景下女性权利的低谷”③相比,这也许是个例外。在美国,这类纠纷也大致集中于上述两个时间段,即一个是子女刚出生时的身份登记阶段,一个是离婚后的冠姓更名阶段。④

---

① 王洪:《家庭自治与法律干预——中国大陆婚姻法之发展方向》,载王文杰主编:《新时代新家事法》(月旦民商法研究丛书),清华大学出版社 2006 年版,第 77 页。

② 王杨林:《为孩子冠姓权,两家人争了两年,最终取个双姓》,载福州新闻网:http://news.fznews.com.cn/shehui/2007-12-20/20071220ztdFsgzNpp213512.shtml。

③ 王歌雅:《女性主义法学·女性权益保护》,载王文杰主编:《新时代新家事法》(月旦民商法研究丛书),清华大学出版社 2006 年版,第 52 页。

④ Grossman Joanna, *Whose Surname Should a Child Have? A New York Court's Ruling Reinforces Sexist Traditions*, available at http://writ.news.findlaw.com/grossman/20030812.html.

较之孩子出生后的冠姓权之争，父母离婚后抚养子女一方未与对方协商即擅自改变子女姓氏的纠纷更能凸现冠姓权的冲突。传统上子女自出生一般从父姓，若离婚后子女由父抚养，则基本无涉冠姓权之争，相反，若由母亲抚养，则离婚后男女双方往往矛盾加剧，尤其当牵涉抚养费问题时，常常出现女方擅自将子女姓氏由父姓改为已姓或继父姓的情况，男方将其视为对自己与子女关系的斩断行为，极易引发双方矛盾，甚至诉之法院。

对于这类纠纷，目前在司法实践中大致有两种截然相反的处理意见，一种意见是以未成年子女利益最大化为指针，反对恢复原姓氏。如在杨某诉颜某、李某要求恢复子女姓名一案中，法院审理认为，原告从未支付子女抚养费，而被告与子女生活幸福，从有利于孩子健康成长的角度出发，不应恢复其姓名，因此法院驳回了原告的诉讼请求。① 类似地，在钱某诉丁某要求恢复女儿姓名案中，法院亦认为，父母在确定子女的姓名时，应从子女的利益出发，充分考虑子女意愿，维护子女的姓名权，孩子的年龄已超过 10 周岁，属限制民事行为能力人，对其姓氏应听取其本人的意见，法院判决按照孩子意愿随母姓。②

与上述裁判意见相反，另一种观点则主张维护父亲一方的冠姓权，恢复被擅改的子女姓名或姓氏。笔者从中国法院网搜集到同类案件（离婚后父方诉母方要求恢复子女姓名案）13 例，判决或处理意见均持此种观点，可以说代表了我国法院目前处理此类案件的基本立场。这类裁判的依据有二：一是最高人民法院 1981 年 8 月 14 日发布的《关于变更子女姓氏问题的复函》中认为夫妻离婚后一方擅自将子女姓名更改的应予恢复；二是最高人民法院 1993 年 11 月 3 日颁布的《关于人民法院审理离婚案件处理子女抚养问题的若干具体意见》第 19 条规定："父母不得因子女变更姓氏而拒付子女抚育费。父或母一方擅自将子女姓氏改为继母或继父姓氏而引起纠纷的，应责令恢复原姓氏。"此外，公安部在 2002 年印发的《关于父母离婚后子女姓名变更有关问题的批复》中亦重申了上述复函的有关精神。上述批复或意见对于下级法院和公安机关处理此类纠纷发挥着指导作用，但由于其立法位阶较低，在司法审判中仍然存在与上述意见不同的处理策略，即以子女利益为主要衡量标准决定不予恢复原姓，而对非抚养子女一方的

---

① 杨晓霓、焦卫：《对一起变更子女姓名案的法律思考》，载《人民司法》2000 年第 9 期。

② 《离异夫妻争夺女儿冠姓权》，载新浪网：http://news.sina.com.cn/c/2007-07-29/025112288833s.shtml。

冠姓权采取无视的态度。

## 二、对两种意见的评析及建议解决方案

就冠姓权之争案件而言,对于同类案件原则上应当采取一体裁判的格局,而不应出现同类案件却有截然相反的裁判结果,因此必须对上述两种不同的裁判意见加以综合衡量,确定这类案件可得同等对待的处置方案。

首先,冠姓权作为父母对于未成年子女亲权中的一项重要内容,应当得到必要的尊重和维护。一般而言,离婚后非抚养子女一方失去对子女的抚养,本来自身权益就遭受了一定的损害,离婚后其与子女之间的亲情维系在法律上的主要保障就是对子女的探望权和冠姓权,前者重在心灵的慰藉,后者重在符号的表征,这二者均应得到法律的有效保护。西方法谚云"有权利便有救济(Ubi jus ibi remedium)",如果冠姓权仅有权利之名,而在遭受侵害时却不能获得救济,甚至在司法裁判中被忽略不计,则这种权利便无任何实际意义。因此如果抚养子女一方未经双方协商就更改了子女姓名,无疑是对另一方冠姓权的侵害,应对于非抚养子女一方要求恢复子女原姓名的诉求予以支持。最高法院和公安部的上述处理意见对此也是明确持肯定态度的。在目前立法格局下,径可适用《侵权责任法》第6条第1款关于一般侵权责任之规定:"行为人因过错侵害他人民事权益,应当承担侵权责任。"冠姓权益之位阶,亦因其应然性和实然性而得纳入该法第2条人身权益之范围。此在法律方法论上,系采用"不确定概念和一般性条款的价值补充"①。

但是,也应明确,任何权利的行使均非漫无边际,毫无节制。冠姓权本身是一种亲权、身份权,在身份权法律关系中,相对于父母的强势法律地位,未成年子女处于弱势。② 如果冠姓权的行使有损于未成年子女的利益,则这种亲权的行使就应当受到必要的限制。这种限制表现在两个方面:一是内在限制,冠姓权本身的准共有性实际上就是对冠姓权的一种制衡,即未经对方同意,任何一方不得擅自更改未成年子女姓名,这就在一定程度上保证了子女姓名的相对稳定性和身份的确定性;二是外在限制,即未成年子女利益形成对冠姓权行使的限制,具体指子女冠姓更改或者恢复对其心理、生活学习以及家庭关系等方面存在现实

---

① 梁慧星著:《民法解释学》,中国政法大学出版社1995年版,第296页。

② 段厚省:《论身份权请求权》,载《法学研究》2006年第5期。

或潜在影响，前述有关案例亦是据此裁断的。

美国法院在审理冠姓权案件时也有类似的考量。在美国，对于离婚后负责抚养子女的一方要求更改子女姓名的，通过制定法和判例法主要有三种处理模式。第一种方式是强调代际身份维持原来姓名。在这种模式下，父母很难更改孩子姓名，除非有足够的证据证明如果不改名将给孩子带来重大损害。第二种方式则与此相反，它很少考虑代际身份，而是赋予有监护权的父母对于子女冠姓改动更大的选择权，包括选取一个除父母姓氏以外的新姓。只有在有证据证明改名对孩子有害时才能限制父母冠姓权的行使。第三种方式是处理涉及儿童冠姓问题时最普遍的一种标准——"子女最大利益"(best interests of the child)。在监护审判中，子女最大利益原则是最为重要的裁判标准之一，早在 1834 年美国法院就已经阐述了这一原则，法院认为应当考虑"子女的年龄、性别、身体(physical)、精神(moral)、智力、心理需要以及父母满足这些需要的能力"来判决监护权。① 按照这种标准，法院并不是简单地支持或者否决改姓，而是综合评估一系列相关因素加以衡量。阿肯色州最高法院最近采取了六项判断因素：子女自己的意愿、改名对于子女与父母关系的潜在影响、子女使用原来姓名的时间长短、与子女姓名相关的声誉或者意义、维持原有姓名或者采纳新的姓名可能给子女造成的不便、父母对子女是否有不当或者遗弃行为。②

坦白地讲，姓氏或者姓名仅仅是未成年子女的一个符号表征，从父姓或者从母姓都无关大碍，《婚姻法》关于"子女可以随父姓，可以随母姓"的规定其实明确了此种意旨，相比较而言，父或者母的冠姓利益才是最实质的，也是导致此类纠纷发生的深层原因，但这类纠纷的吊诡之处就在于，抚养子女的一方并不利用自己与对方准共有的冠姓权展开抗辩，而是借助子女利益作为挡箭牌回击对方的冠姓权主张。客观上来说，子女随母亲生活，继父与其异姓，显然在外观上对于子女的心理有所影响，尤其是随着子女逐渐年长，其身份意识和社会观念逐渐觉醒和强烈，外人对其与父母异姓的情况感到好奇甚或有所歧视，都会对未成年子女的心理健康乃至所属家庭的和谐美满造成一定消极影响。因此，如果一味地维护非抚养子女一方的冠姓权，要求被告恢复子女原姓氏，则必然对孩子及其家

① Stephanie N. Barnes, *Strengthening the Father-Child Relationship through a Joint Custody Presumption*, 35 Willamette Law Review, 610.

② Grossman Joanna, *Whose Surname Should a Child Have? A New York Court's Ruling Reinforces Sexist Traditions*. Available at http://writ.news.findlaw.com/grossman/20030812.html.

庭的正常生活秩序造成一定影响,这种损害与原告所能获得的冠姓权益相比,弊大于利。从这个角度来讲,上述最高人民法院关于支持保护冠姓权权益的批复和意见以及公安部相应批复对于此类纠纷的处理似有过于简化之嫌。但是,如果原告要求恢复冠姓的主张得不到支持,冠姓权侵害不能得到有效的救济,无疑是纵容其他同类纠纷中抚养子女一方可以按照自己的意志擅自更改子女姓氏,从而造成一方实质上垄断了原本准共有的冠姓权,另一方的冠姓权被完全架空,这既不符合冠姓权的基本法理,也不利于维护当事人应有的合法权益,可能会在实践中造成更为不良的社会后果。

对于这一两难问题,本书认为,既不能无条件地支持父亲一方恢复子女原姓的诉求,也不能简单地以子女利益为上无视冠姓权的正当行使,故必须在二者之间寻求必要的平衡,其中有必要引入子女本人的意愿因素,因为冠姓权作为一种身份权建基于特定的人际关系之间,权利的形成和行使不应忽视可能给对方造成的利害影响,否则便有可能形成权利的滥用。具体而言,不妨以子女行为能力作为衡量尺度:无行为能力的子女由于其自身认识能力和判断选择能力较弱,所以所谓以其利益为大并没有一个客观的判断标准,在处理这类纠纷时就应侧重维护冠姓权,支持父亲一方恢复冠姓的诉求;对于已经具备限制行为能力的子女,则应当调查了解该子女的生活状况,听取其冠姓意愿,由其本人根据个人偏好、与亲生父亲的疏密程度等,决定是否恢复原姓氏,此际应侧重维护子女的主观和客观利益,相应限缩冠姓权的行使空间,如果恢复原姓将给子女带来较为明显的负面影响,则不应恢复,如果影响甚微,则应予以恢复。然而,即使不予恢复原姓,亦非否认冠姓权本身的正当性和擅自更改孩子姓氏行为的违法性,可以通过要求母亲一方赔礼道歉、经济补偿等方式加以救济。无论如何,任何一方都不得以对方侵害其冠姓权为由停止支付或不支付应当支付的子女抚养费用,二者之间并不存在法律条件关系。

同时,值得注意的是,我国现行《民法通则》规定的限制行为能力人的年龄标准与其他大陆法系国家相比过高,故于2002年提请全国人大常委会审议的民法草案将10周岁以上的未成年人是限制民事行为能力人修改为7周岁以上。如此,更有利于在实践中对冠姓权纠纷按照未成年人行为能力进行划段处理,因为年龄越小,姓氏对于未成年人成长的影响越小。这样,对于7周岁以下的未成年人的冠姓之争,应当本着维护冠姓权准共有性的基准依法纠正离婚夫妻一方或第三人(如孩子的继父或外祖父母等)擅改子女姓氏的违法行为,保护当事人正当的冠姓权益;而对 7 周岁以上已经具有初步认知能力和判断能力的未成年人的冠姓问题,则应更多地考虑其个人意愿及其他因素。

其次,对于这类纠纷,可以在户口登记的前置程序中得到有效地阻遏。按照 2002 年《公安部关于父母离婚后子女姓名变更有关问题的批复》所采取的处置办法:对于离婚双方未经协商或协商未达成一致意见而其中一方要求变更子女姓名的,公安机关可以拒绝受理;对一方因向公安机关隐瞒离婚事实而取得子女姓名变更的,若另一方要求恢复其子女原姓名且离婚双方协商不成,公安机关应予以恢复。这样可以有效地将此类纠纷消解在行政执法阶段,但是上述批复仅是一种指导性意见,立法层级较低,适用范围有限,因此建议将其补充进《中华人民共和国户口登记条例》中去。不过需要注意的是,该条例本身也存在问题,其第 18 条规定:"公民变更姓名,依照下列规定办理:一、未满十八周岁的人需要变更姓名的时候,由本人或者父母、收养人向户口登记机关申请变更登记;二、十八周岁以上的人需要变更姓名的时候,由本人向户口登记机关申请变更登记。"第一,既然《民法通则》和《婚姻家庭法》均认可父母之于未成年子女的监护人地位,如前所论,冠姓权也应包括在内,则上述规定中"未满十八周岁的人需要变更姓名的时候",未成年人本人何以可以不经父母同意径直向户口登记机关申请变更登记?第二,该规定中的"父母"是应解释为"父和母"还是"父或母"抑或二者皆可呢?显然从规定本身难以得出答案。既然冠姓权具有准共有的性质,则登记机关在办理未成年人姓名变更手续时应尽必要的审查义务,即凡申请变更未成年子女姓名者,若父母均在世且具有行为能力,原则上应父母双方同时到场并作双方同意改名的意思表示;如一方提出申请,应同时提交另一方关于更改子女姓名的书面同意书,否则不予办理;书面同意书有诈欺者,更名无效,申请人应承担一定的民事责任和行政责任。如此才能从源头上有效地治理目前日益增多的离婚父母关于未成年子女的冠姓权纷争。在法律法规未能得到及时完善的情况下,法官在审理此类案件时不妨对《户口登记条例》中的相关规定作限缩解释,即将"未满十八周岁的人需要变更姓名的时候,由本人或者父母、收养人向户口登记机关申请变更登记"中的"父母"解释为仅指"父和母"的情形,而不包括"父或母"的情形。至于上述《公安部关于父母离婚后子女姓名变更有关问题的批复》中规定的"对一方因向公安机关隐瞒离婚事实,而取得子女姓名变更的,若另一方要求恢复其子女原姓名且离婚双方协商不成,公安机关应予以恢复"的情形,一方是否隐瞒离婚事实而取得子女姓名变更并非恢复子女原姓名这一救济措施的必要条件,换言之,无论是否隐瞒离婚,只要是未经双方同意或者是伪造对方同意书而取得子女姓名变更的,且该子女尚为无行为能力人或虽为限制行为能力人但对恢复原姓名无异议的,均应予以恢复。

## 三、冠姓权侵权纠纷是否适用诉讼时效的问题

对于前述杨某诉颜某、李某要求恢复子女姓名案中被告方辩称原告明知改名但一直未提出异议而超过诉讼时效的问题①,涉及冠姓权—亲权—身份权—绝对权是否适用诉讼时效的问题。首先,"基于绝对权受侵害所发生的存续保障责任,旨在回复权利人对其客体的意思支配力,是由绝对权的支配性所决定的绝对权自身之效力内容的表现,若使之罹于时效,则必造成有支配权之外形却无支配之力量的权利变态现象"②,因此包括冠姓权—亲权—身份权在内的绝对权从本质上并不适用诉讼时效。其次,诉讼时效的设立是为了"规定请求权若干年不行使而消灭,盖期确保交易之安全,维持社会秩序耳。盖以请求权永远存在,足以碍社会经济之发展"③。身份权虽然也涉及一定的财产利益,但是身份权毕竟是人格利益的延伸,且其主要还是身份利益。就家庭矛盾而言,时间是最好的医治办法。夫妻、家庭成员之间的身份利益侵害,不同于纯粹的财产权侵害,更多的是一种心理和精神上的伤害,因而需要一个可能长达数年、数十年的宽宥期,如果过了较长时间,侵权方仍无悔意,受害方自得请求救济。④ 故从这个角度出发,身份权—亲权—冠姓权不应适用于诉讼时效,因此该案中被告辩称"原告起诉要求恢复孩子姓名已有 6 年,更名时他也知晓,已经超过 2 年诉讼时效"不足为据。不过,该案的核心问题是原告要求恢复孩子原姓名,而这一姓名并非申请户口登记时的法定用名,仅是法官制作调解协议书时的临时取名,不具有法定姓名的效力,因而原告要求恢复原姓名的诉求不能获得支持;如其认为户政管理机关在变更其子女姓名时存在未尽通知或提醒义务的过失,可以向法院提起行政诉讼。冠姓权既然具有准共有的性质,冠姓之变更必得父母双方均同意,户政管理机关方可为未成年人子女办理姓名注册或变更的登记程序,否则即构成行政

---

① 杨晓霓、焦卫:《对一起变更子女姓名案的法律思考》,载《人民司法》2000 年第 9 期。

② 徐晓峰:《请求权概念批判》,载《法学方法论》(月旦民商法研究丛书),清华大学出版社 2004 年版,第 140 页。

③ 王泽鉴:《民法总则》,中国政法大学出版社 2001 年版,第 516 页。

④ 杨立新、袁雪石:《论身份权请求权》,载《法律科学》2006 年第 2 期。

行为违法。这一判断，也符合上述《公安部关于父母离婚后子女姓名变更有关问题的批复》之规范意旨。①

## 小 结

冠姓权是父母对于未成年子女得享有的以其姓氏作为子女姓氏的一种民事权利。冠姓权具有亲权性、准共有性和期限性等诸种特质，不同于冠名权和姓名权。冠姓权是父母对子女姓名决定权中的重要内核，也是现实中引发父母双方纠纷的一个重要原因。明确冠姓权的法律地位对于维护离婚夫妻中非抚养子女一方的正当冠姓权益具有现实意义，但此项权益亦因子女利益而受一定限制，在司法实践中应视未成年子女行为能力之不同并结合其他因素而作各具侧重之权衡。

① 典型案例可参见郝冬白：《离异男子因子随母姓状告公安局》，载正义网：http://review.jcrb.com/200803/ca685381.htm。

# 结束语

法律适用连接着两个世界，生活事实的世界以及以一个应然规范为内容的法律世界，即实然世界与应然世界。[①] 然而生活事实不会自动地转化为法律事实而得涵摄于法律规范，沟通其间的是对事实进行必要的法律解释，于“目光在事实与法律之间往返穿梭”中明辨生活事实的法律意义及其相应的法律效果，实现法律对现实生活的规范。

本书关于冠名权的论说实际上也在做这样的解释工作。从异彩纷呈的冠名权生活事实到纳入共通的法律图景，既需要解释事实本身，更需要解释事实的法律意义，其中包括：冠名权不仅是存在于体育、写字楼等领域的个别现象，而且已经发展成为一种值得人们充分注意的名利场——无论是商业领域还是非商业领域；冠名权现象纷纭驳杂的背后，其实具有同样的基本结构——你搭台我唱戏，我扬名你获利；冠名权具有人格权的表象，本质上却是人格权权能的贲张借着债权的血管流淌。

上述解释构成了对冠名权概念的基本界说。但仅有解释还是不够的，或者说解释只是一种必要前提，还需要在理解的基础上发现和梳理其中显在或潜在的问题或者危机，提出行之有效的应对策略或解决方案。在这项研究的后段，笔者以冠名权的上述解释为理论支点，构建冠名权横向运作的基本法律机制，将冠名合同纳入合同法规整框架的基本路径——冠名合同应当根据其成立基础的不同而区分为商业性与非商业性两类，前者准用于广告传播合同，后者则定位于附负担赠与合同；平衡冠名权运作中私益膨胀与公益维护之间的冲突——对冠名权尤其是公用物冠名权的运作必须施以必要的法律规制，并以广播电视节目冠名权与地名冠名权为分析样本展示这种规制。

---

① [德]考夫曼著，刘幸义等译：《法律哲学》，法律出版社 2004 年版，第 170 页。

“生活就是一种不停的解释活动”①。解释活动之一就是在自己所持法律“前见”(prejudice)的基础上对于生活世界的理解与表达。除了“前见”以外，循环也是解释学的另一显著特点，解释可以视为在吸纳之前诸种解释所含要素的基础上的时间推进与在现时框架中交错往复的“筒状”(cylinder)运动。② 准此以解，本书的表达不过是在参与冠名权的法律解释这一循环进程中的一点个人努力。也许这种解释并不完整，但已努力呈现了冠名权基本的法律图景；也许这种解决并不令人服膺，但已经在理论与现实的往返检证中尽可能地作了剖析与权衡。也许人们关注的，不在于飞向哪里，而在于飞翔的姿式；也许更为重要的，不在于解释了什么，而在于怎样解释；不在于解决了什么，而在于解决的方式。

---

① 殷鼎著:《理解的命运》，三联书店 1988 年版，第 100 页。

② 戴维·德布里特:《论解释的局限及理解之条件的解释学循环》，载[挪威]斯坦因·U. 拉尔森主编，任晓等译:《社会科学理论与方法》，上海人民出版社 2002 年版，第 68-69 页。

# 附录一
# 国际商会赞助准则[1]
# ICC (International Chamber Commerce) International Code on Sponsorship

本准则由国际商会营销与广告委员会(Commission on Marketing and Advertising)负责拟订。

[序言]

本版国际导则是在ICC业已颁布的通过自治准则提高商业伦理层级标准的各项政策基础上制定的,旨在完善既有的国内法和国际法框架。

本准则于1992年首次颁布,以此表达商界同仁在营销和商业沟通中应负社会责任的一种共识。世界经济的全球化和日益加剧的市场竞争要求国际商界同仁共同采行标准化的规则,尤其是在高度的市场自由化和新的媒介和营销方式不断涌现的情况下,采行这些规则就是商界领袖们展示社会责任意识的最好方式。本准则已经作了实质性的修正和更新,体现了对既往经验和当前思考的结合。

赞助已经成为体育、艺术、环境、媒介、人道主义与社区计划、教育等各种领域的区域性和国际性重大活动的一种主要筹资方式。赞助有助于各种活动和赛事的开展和推广(如果没有资助,它们可能就无法进行),从而惠及普通民众,同时对于已经举办的赛事和活动也十分有益。成功的赞助对相关各方,包括赞助人、组织者、媒体、参加者、观众以及普通民众都会带来好处。

赞助是公司或其他组织通过将其自身与所赞助项目联系起来从而广泛地传播其相关信息的活动,是一种重要的营销工具。赞助是众多营销策略之一,它有

---

① 本准则由笔者译自国际商会网站:http://www.iccwbo.org/。

别于其他商业沟通手段,如带有某种目的、信息或者控制策略的捐赠或者资助。它可以作为一种独立的营销活动进行运作,但常常结合其他营销手段如广告、公关、推销等来扩大影响。

本准则主要是一种自治性质的规范意见,但它也可以作为一种供赞助双方以及法院和仲裁机构通过解释适用来定分止争、明晰权利义务的参考文本。

国际商会希望本版准则能够进一步提高赞助实践的水准,为参与各方和整个社会带来显著效益。

### [适用范围]

本准则适用于公司形象、品牌、产品、活动或其他形式的赞助,参与者可以是商业性组织,也可以是非商业性组织,但不适用于单纯的产品摆设(placement)、缺乏商业沟通性质的捐助,除非它们也具有赞助性质。

本法应当与其他 ICC 法律文本参酌适用,包括《ICC 广告实践准则》《ICC 网络广告和营销指南》《ICC 环境广告准则》《ICC 直接营销准则》《ICC/ESOMA 营销与社会研究实践国际准则》《ICC 直销准则》《ICC 营销准则》。

本准则为参与赞助的赞助方、被赞助方、相关组织、实践者或代理机构、媒体制定应当遵循的行为伦理标准,并以此弥补适用法的不足。

### [解释]

本准则可以作为精神倡导,也可作为书面规范,适用于不同类别不同风格的赞助以及不同知识层次、不同经验、不同能力的赞助参与者。

### [定义]

对于本准则中出现的关键术语作以下界定。

赞助(sponsorship):由赞助方与被赞助方订立的互利协议,约定一方向另一方提供资金或其他形式的支持,从而使其形象、品牌或产品与被赞助项目之间建立联系,并利用推介这种联系获得直接或间接的利益。

赞助方(sponsor):任何提供资金或者其他支持的组织体或者法人。

受赞助方(sponsored party):对于受赞助项目财产拥有相关权利,从赞助人那里接受关于受赞助项目的直接或间接支持的任何自然人或法人。

观众(audience):赞助项目面向的公众、个人或者组织。

媒体赞助(media sponsorship):对于某一媒体(如电视、广播、出版、摄像、互联网、移动或其他通信技术)的赞助。

捐赠与庇助(donation and patronage):赠与资金或其他物品的利他主义形式,可能附加某种条件,或者没有任何利益、承认或者商业回报。

产品置入(product placement,或译“植入式广告”):当某一产品出现在节目或活动中时,是对赞助者的应有回报或者是活动节目制作人或许可者对特殊贡献者的褒奖。

本准则所使用的其他营销术语的定义参见《ICC 营销准则》(ICC International Marketing Codes)。

## [基本原则]

**第一条** 所有赞助都应合法、得体、诚实、真实。赞助应当有一种社会责任感,应当符合商界普遍接受的公平竞争原则。

赞助应当基于赞助人与被赞助人之间的合同责任。双方应当制定清晰的合同条款,以及参与赞助各方在赞助事宜中的期待。

赞助应当如本准则所规定的这样清晰可辨。

合同条款与赞助行为应当建立在所有各方诚实信用的基础之上。

应当明确,受赞助方对于他们提供给赞助人的赞助权利与适当程度拥有绝对的决定权。

## [自治与自决](autonomy and self-determination)

**第二条** 赞助应当尊重受赞助方对其活动或者财产事务管理的自治和自决权,条件是赞助方实现了约定的目标。

## [模仿与混淆](imitation and confusion)

**第三条** 赞助方与受助方以及参与该赞助的其他各方均应避免仿照其他赞助项目,即使适用于非竞争性的商品、公司或者活动也是如此,以免产生误导或者混淆。

## [受助方的伏击营销](ambushing of sponsored properties)

**第四条** 任何一方如果并非官方指定或媒体报导的活动赞助商,无论事实上是否赞助过活动，都不得对外造成他们是某一活动的赞助商的印象。

[尊重受赞助财产](respect of sponsored properties)

**第五条** 赞助方应特别注意受赞助项目中所涉及的艺术、文化、体育或其他内容，不得滥用其地位损害受助方或者受赞助项目的身份、尊严和声誉。

受助方不应隐匿、扭曲或者诽谤赞助方的形象或者商标，也不应破坏自身已经获得的良好的公共信誉。

[赞助活动中的观众](sponsorship audience)

**第六条** 观众应当被明确告知某一特定节会、活动、节目或者个人的受赞助情况，且赞助人的形象不会对该项目造成不良影响，不会违背受赞助方应有的职业伦理。

前款规定并不意味着限制赞助人向前卫或可能引发争议的艺术/文化活动提供赞助，同样也不意味着要求或鼓励赞助人对受助方的资信实施审查。

[儿童与青年](children and young people)

**第七条** 赞助不应利用儿童或青年缺乏经验而对他们造成不良影响。尤其是不应对他们的心智、品德或身体造成伤害，不应破坏他们对于父母或监护人的忠诚。

[数据获取与分享](data capture/data sharing)

**第八条** 使用赞助中所涉及的个人数据，应当遵守《ICC 直接营销准则》中的相关规定。

[艺术与历史文物](artistic and historical objects)

**第九条** 赞助运作不应危及艺术品或历史文物。

保护、恢复或者维护文化、艺术或历史文物以及对于它们的传播提供赞助，应当尊重与此相关的公共利益。

[社会与环境赞助](social and environmental sponsorship)

**第十条** 赞助方与受助方均应考虑到赞助的计划、组织和实施可能造成的社会或环境影响。

任何全部或部分具有积极(或减少消极)的社会或环境影响的赞助信息应被证实具有可供获取的实际利益。参与赞助的各方应当遵循《ICC 可持续发展商业宪章》(ICC Business Charter for Sustainable Development)。

根据赞助所开展的环境广告应当遵循《ICC 环境广告准则》(ICC Code of Environmental Advertising)。

[慈善与人道主义赞助](charities and humanitarian sponsorship)

**第十一条** 慈善或其他人道主义事业的赞助应当妥善进行,注意应当确保受助一方的工作不会受到有害影响而能通过赞助获得额外利益。

[多重赞助](multiple sponsorship)

**第十二条** 如果受助项目要求或允许接受多个赞助人的赞助,则各个合约应当明确约定各自所对应的权利、限制与责任,包括但不限于任何排他性条款。

尤其是,每一个赞助商应该严格遵守划定的赞助范围和既定的活动任务,不应作出任何干涉其他赞助商的行为而打破利益的平衡。

受助方应当及时告知既有赞助人以后任何可能的其他赞助人。受助方如果不能确保新赞助人与既有赞助人之间不发生任何权利冲突就不应接受新的赞助方。

[媒体赞助](media sponsorship)

**第十三条** 受赞助媒体的内容和节目表不应因受赞助而受影响,以至于放弃其应有的责任,以及播音员、制片人、媒体所有人的自治权或编辑的独立性,除非赞助方依照相应立法成为制片人或合作制片人、媒体所有人或出资人。

受赞助媒体应当在所播放节目的片头、片中或者片尾显示赞助人的名称或者标识。

尤其注意应当确保不会导致一项活动的赞助人与报道该活动的媒体的赞助人发生混淆,特别是在不同的赞助人参与赞助的情况下更须注意。

[责任](responsibility)

**第十四条** 所有的赞助都应遵循本准则。赞助一旦按照本准则订立而成为一个互利合同时，双方都有义务遵守本准则，各方对于赞助活动都负有不可推卸的责任，无论其内容如何。

任何参与计划、创设或执行任何赞助的人都负有与其职位相对应的确保遵守本准则并实现或可能实现赞助计划的责任。

**[违法的救济效果]**(effect of subsequent redress for contravention)

**第十五条** 即使对于违反本准则的行为进行了纠正，采取了适当的救济措施，仍然应当追究违法责任。

**[证明]**(substantiation)

**第十六条** 如果有关的自律机构要求提供根据本准则设立的赞助关系的相关证据，只要该证据能够被证实，就应当被获取和提交。

**[尊重自律决定]**(respect of self-regulatory decisions)

**第十七条** 任何赞助人、受助人或相关方不得参与不被相关自律组织所接纳的赞助活动的操作。

**[履行与解释]**(implementation and interpretation)

**第十八条** 本准则在国内和国际间都可适用，但应当建立在自律目的的决定基础之上。

任何对于本准则的解释请求都应提交给 ICC 法典解释委员会(ICC Code Interpretation Panel)

本准则最后版本：NO. 240/475，2003 年 7 月 15 日。

# 附录二

# 加利福尼亚大学财产、学术与非学术项目、设施冠名办法[①]

# Policy on Naming University Properties, Academic and Non-Academic Programs, and Facilities

加利福尼亚大学长期以来就有以为本校的教学、科研或公共服务事业作出重要贡献的个人或组织冠名纪念本校财产、学术或非学术项目、设施的传统，所有纪念冠名均应与本校的公益性质保持一致。因此，1996 年，校行政部门实施了冠名本校所有财产、项目和设施的计划。除了某些特殊的冠名申请需提交校委会通过之外，下列规定应适用于一切冠名决策。

## 冠名指南

一、无论是捐赠冠名还是非捐赠冠名，优先考虑使用经过批准的冠名用名。冠名提议和实施过程应作为永久档案保存于学校或实验室。

二、每一冠名均应考虑其实际贡献额度，而非为了某种事先拟定的目的作为一项献礼加以冠名。

三、冠名提议应当包括如下内容的文件：

1. 对于冠名政策和指南的全面分析，以及对于资金支持的意见。

2. 关于制度化的纪念与冠名活动对于本校前景相关影响的商谈过程。这一过程应当包括以下一项或数项内容：①包括常规教席或其他职位冠名的常务委员会；②学术席位的执行委员会；或者③代表广泛的制度化的利益的适当的咨

---

① 本冠名办法由笔者译自加利福尼亚大学网站：http://www.ucop.edu/ucophome/coordrev/policy/12-19-02.html。

询过程。

3. 经过学院或实验室法律顾问的审核，如有需要还要经学校总法律顾问的审核。

四、某一设施或者场地以捐赠人或者非捐赠人的名号冠名时，这一名称将被普遍地应用于该设施的日常运营或者该场地的特定使用中。如果该设施要被替代或做实质性翻修，或者该场地的用途被重新指定，则其冠名应当参考前一冠名协议中相应条款和条件而重新以新捐赠人的名义冠名。

五、任何针对学术项目或非学术项目的捐赠冠名或非捐赠冠名的提议，均应确保其相应捐资足以维持该项目，因为冠名将被被冠名项目终身使用。

六、如以个人名义冠名某一设施，学校管理规定要求以其全名冠名，其姓氏可于提及该设施时使用，也可用于该设施标附的铭牌上。

七、非捐赠性荣誉冠名

1. 优先采用提议的冠名。

2. 提议的冠名人应当在以下一个或多个方面取得显著成就：

a. 服务于本校的学术职位，表现出杰出的学术造诣，具有全国性或国际性的学术声望；

b. 服务于本校的重要行政职位，为本校的福祉作出了公认的突出贡献；

c. 为校内机构的福祉作出了公认的突出贡献或者取得了显著的成就。

3. 服务于本校的学术或管理职位，或服务于社区、州、国家的选举的或任命的职位的个人，如果符合下列规定，可以提议冠名纪念：

a. 在本校选举或任命职位退休或者离开以后未满两年的；或者

b. 如果此人尚未退休，或未曾以其他形式脱离本校，逝世未满两年的。

注：纪念冠名的个人从本校退休但已被返聘为本校全职或业务职位如果未满两年也可提议纪念冠名，而与其返聘身份无关。

八、捐赠冠名

本校的院系法律顾问、实验室法律顾问或者是学校的总法律顾问，应当根据需要审核草拟的包含提议冠名本校财产、学术或非学术项目的捐赠协议。

1. 提议的冠名应优先考虑。

2. 评议一项请求同意的冠名提议应考虑如下因素：

a. 拟赠款项对于所资助项目的实现或成功，或者是提高该项目对于本校的效用的重要程度；

b. 项目本身或者项目需要资助的迫切程度;

c. 被提议冠名的个人或组织的地位、声望与品行;

d. 该个人或组织与本校的关系。

3. 捐献应当在其所冠名项目所需资金中占据重要部分。捐献(gift)应当是①资助所冠名项目所需的全部资金;或者是②向那些之前未曾从其他渠道(联邦或州政府贷款或者拨款、学费或发行债券等)获得过资助的项目提供实质性的部分资助。

4. 为了避免出现任何商业影响或者利益冲突,对于商业公司或其基金会拟冠名的大型项目或者场馆、建筑物、开放场地或者道路应当进行严格评估。对于与某一公司有牵连的个人冠名应当视为是该个人的冠名。

5. 公司名称可用于冠名单个房间或者套房,以及讲座教授或者教授席位。建筑物上对外展示的铭牌可用于注明公司的贡献。铭牌的尺寸、风格,以及用于表达公司的慷慨与校方的致谢之意的用语应当大小适中,不应显示公司徽标以免有商业广告之嫌。

6. 用以回报捐赠承诺的冠名回报应当作为承诺兑现的附属条件,根据履行情况决定是否准许冠名。

7. 当被提议的个人冠名作为对其的回报,且被纪念的个人正供职于本校的学术或管理职位,或者是社区、州或者国家的选举的职位或者任命的职位时,冠名一旦审核同意即可生效。

九、重新冠名

提议重新冠名某一设施或者场地,或者是添加一个副冠名,均应依照上述规定,并遵循如下原则:

1. 作为对捐助的回报,提议重新冠名某一设施或者场地,或者是添加一个副冠名时应当经过本校总法律顾问的审批。审批要求提交原有的捐赠与冠名的所有文档,以及之后捐赠与拟定重新冠名的所有文档。

2. 当一项捐赠冠名或非捐赠冠名的设施即将报废而要更换或作实质性更新时,新建的或更新的建筑可以以新的捐赠人的名号重新冠名。

3. 当一处冠名场地将发展成为其他用途时,新建设施可以以新捐建人的名号冠名。

4. 对于先前冠名的捐赠人或所纪念的人应当标附于新建的翻新的设施或开发的场地上。

5. 当一处设施或场地计划重新冠名时，院系或者学校的代表应当竭尽一切合理的方式提前通知原冠名人及其直系家庭成员。

十、院系和实验室的责任

每个学院的院长或者每个实验室的主任都应指定专人协调冠名事宜，保管记载捐赠以及协商过程的相关文档资料，向捐赠人和公众保证将每笔赠款都严格按照捐赠协议加以使用。

十一、情势变更

如果院系或实验室计划变更被冠名的设施或场地的使用功能，必须对原有的冠名协议进行评估以判定拟变更的用途与先前约定的条件是否一致。如不一致，院系或实验室法律顾问或者是学校总法律顾问应对此进行商讨。

如果在采纳了一项冠名后的某一时期情况发生了实质性变化，以至于继续使用冠名会危害公共利益，则学校总法律顾问应当与加州律师协会会长商议后续措施。

## 与本冠名办法相关的规定①

1. 关于个人冠名学校设施应当使用全名的规定，1966 年 2 月 18 日
2. 关于纪念性展示的规定，1940 年 3 月 8 日
3. 关于冠名大厅的规定，1959 年 11 月 20 日
4. 关于私人机构捐献的政策，1961 年 7 月 21 日
5. 关于筹资运动的规定，1993 年 7 月（1993 年 11 月 19 日修订）
6. 关于教席冠名的规定，1962 年 11 月 16 日
7. 关于捐设讲座教授和资金管理的指南与程序：讲座教授，1998 年 5 月 21 日
8. 校代会授权校委会关于冠名本校财物、项目和设施的规定，1993 年 10 月 14 日
9. 副校长贝克致校委会关于授权冠名设施和项目的函，1996 年 6 月 14 日

---

① 这些“规定”与前述“冠名办法”一样，在英文中均为“policy”，考虑到前者系该校历史上陆续出台的个别性规定，后者则是 2002 年颁布的总纲性规定，同时虑及我国的习惯称谓，故将前者译为“规定”，将后者译为“办法”。

# 附录三
# 本书的阶段性研究成果

1.《冠名权的法理界定》,载《社会科学家》(CSSCI),2006(4),第 99-102 页

2.《冠名权的形式与内容》,载《黑龙江省政法管理干部学院学报》,2006(4),第 49-52 页

3.《冠名权的价值理念与运作原则》,载《广告大观(理论版)》,2007(3),第 44-49 页

4.《冠名权概念解析》,载《北方法学》,2008(4),第 122-135 页

5.《体育赞助冠名合同的法律适用》,载《天津体育学院学报》(CSSCI/中文核心期刊),2008(5),第 409-412 页

6.《商业名称与商业名称权若干问题研究》,载《改革与战略》(中文核心期刊),2007(12),第 27-30 页

7.《论父母对于未成年子女的冠姓权及其纷争解决方案》,载《亲属法新问题与新展望》(第五届法官与学者对话论坛,济南,2008 年 10 月),杨立新、刘德权主编,人民法院出版社 2009 年版,第 415-434 页

8.《地名有偿冠名的法律规制》,载《山东大学法律评论》(第七辑),山东大学出版社 2010 年版,第 95-111 页

9.《和而不同:论物名权及其对物权结构之完善》,载《法律科学》(CSSCI/中文核心期刊),2012(3),第 96-102 页

10.《物名冠名合同研究》,载《中国不动产法研究》(第七卷),刘云生主编,法律出版社 2012 年版,第 65-71 页

11.《符号与符号权利论纲——兼论名实二元权利体系》,载《本土、区域与中西交融中的法律发展与法律方法》(第八届全国法律方法论坛),郑州,2013 年 4 月

12.《物像权,另一种符号物权》,载《浙江社会科学》(CSSCI/中文核心期刊),2014(7),第90-99页

13.《特权商标:冠名权与公共实施(译文)》,载《交大法学》,待刊

# 后　记

年岁越长，越拙于情感的表达，尤其是诉诸文字的表达，但与本书相关的人和事，却是难以忘却的记忆。

感谢上海海事大学尤其是科技处的领导和老师，他们的遴选和资助使本书得以问世，同时也要感谢两位匿名评审专家对这部书稿的抬爱。

感谢河南大学王明锁教授、上海交通大学韩长印教授、上海海事大学王国华教授、复旦大学刘士国教授，他们在我学习和工作的各个阶段给予了珍贵的指导和帮助。韩长印老师和王国华老师还拨冗推荐，鼓励本书早日出版。我与老师们的研究志趣或有不同，他们的治学精神却是照亮我前行的明灯。

感谢远在纽约的安・巴托尔教授，2007 年我在写作学位论文（本书初稿）期间读到她的一篇关于商标权与冠名权的论文，受益匪浅，2013 年赴美访学又得到她的当面指导，她的热忱与严谨给我留下了深刻印象。而今，我把她的那篇论文译为中文，与更多读者分享她的智识。

感谢上海浦江教育出版社，尤其是本书的责任编辑张婕老师，她的认真与勤勉使书稿更趋完善，赵宏义老师设计的封面亦使本书主题更为凸显。

还要感谢本书引证的各类文献的作者，如果本书对于冠名权的理解和应用有所裨益，与他们的研究基础和信息传播不可分割。其中部分文献源于网络，未能查明作者，但均注明资料来源。此外，本书的部分内容及相关成果曾以论文的形式陆续发表于多种期刊或会议文集，感谢各位老师指教。

最后，感谢我的家人和亲友，他们的关爱与陪伴使我在前行的道路上倍感温暖。